AF454612

RESOLVTIONS

DE PLVSIEVRS CAS IMPORTANS

POVR LA MORALE,

ET POVR LA DISCIPLINE

ECCLESIASTIQVE.

Par un grand nombre de Docteurs en Theologie
de la Faculté de Paris.

A PARIS,

Chez CHARLES SAVREUX, au pied de la Tour
de Noſtre-Dame, du coſté de l'Archeveſché,
à l'Enſeigne des trois Vertus.

M. DC. LXVI.

AVEC PERMISSION.

PERMISSION.

IL est permis au Sr VINCENT RAGOT Prestre Promoteur du Diocese d'Alet, de faire imprimer *Les Resolutions de p'usieurs Cas importans pour la Morale, & pour la discipline Ecclesiastique, par plusieurs Docteurs en Theologie de la Faculté de Paris, &c.* A Paris, le 25. Février 1666.

Signé, D'AVBRAY.

Fautes à corriger.

Page.	Ligne.	Fautes.	Corrections.
14	20	sans qu'ils	sans qu'il
15	24	non pas des premiers	non pas même des premiers
30	1	commnneautez	communautez
50	2	dans les autres Eglises	dans les Eglises.
51	24	malgré l'Evesque Voisin	malgré l'Evesque Diœcesain
52	6	& en obtint,	& en obtient
La même,	15	ses regrets	ses regrés

Dans les marges.

21	8	mensuræ reddatur	mensuræ reddantur
36	54	vesari	versari
37	18	impudiciis	impudicitiis

RESOLVTIONS DE PLVSIEVRS CAS
importans pour la Morale, & pour la Discipline Ecclesiastique.

Par un grand nombre de Docteurs
DE SORBONNE.

PREMIER CAS.

DE s Gentilshommes dans une Province fort éloignée de «
Paris ont usurpé les bois du Roy, qui sont de tres-grande «
valeur ; les uns en tirant deux mille livres de revenu ; les «
autres quatre ; les autres six, & les autres huit mille livres. «
Cela est public & connu de tout le païs ; & même quelquesuns «
de ces Gentilshommes ayant eu querelle ensemble pour les limites «
de ce que chacun possedoit dans ces bois, d'autres Gentilshommes «
qu'ils prirent pour arbitres, ont dit depuis qu'ils avoient donné à «
chacun ce qui n'appartenoit qu'au Roy. «

On demande si les Curez qui sçavent cette usurpation par une «
connoissance publique peuvent recevoir ces Gentilshommes aux «
Sacremens, lors qu'ils refusent de restituer sous pretexte d'une pos- «
session qui n'est appuyée d'aucun titre. «

Ils ajoûtent à cette usurpation une autre injustice, qui est, qu'ils «
font achetter à leurs vassaux le droit d'usage, que ces vassaux ont «
eu de tout temps dans ces bois par la concession des Rois, & les «
empeschent d'y couper du bois, même pour les usages de l'Eglise «
comme pour un rétable. «

RESOLUTION.

LEs Docteurs en Theologie qui ont esté consultez sur les cas
exposez en cette page & les suivantes, sont d'avis,

Sur le premier : Que suivant la doctrine des saints Peres, & de
tous les Theologiens aprés saint Thomas, on est obligé de refuser
les Sacremens aux pecheurs publics : Que l'on appelle un pecheur
public, celuy qui persevere dans la volonté d'un peché mortel, lequel est manifeste, ou par l'évidence du fait, ou par ce qu'il le con-
fesse publiquement, ou parce qu'il en est declaré atteint & con-
vaincu en justice Ecclesiastique ou Seculiere ; & par consequent
que les Curez qui sçavent de l'une de ces trois manieres que des
Gentilshommes leurs Parroissiens ont usurpé les bois du Roy qui
sont de grande valeur, & qu'ils en joüissent, ne peuvent les recevoir
aux Sacremens lors qu'ils refusent d'en faire la restitution au Roy,

4

tant du fond que des joüissances, sous pretexte d'une possession qu
n'est appuyée d'aucun tiltre ; si ce n'est qu'il y ait prescription legitime par eux acquise contre le Roy, laquelle n'a pas lieu à l'égard
du Domaine.

Mais que si la connoissance que ces Curez ont de cette usurpation
ne leur est pas manifeste de l'une de ces trois manieres, & que ce
qu'ils en sçavent ne soit fondé que sur un bruit commun, ils ne peuvent refuser les Sacremens à ces Gentilshommes, & ils doivent se
contenter de les avertir de ce bruit commun, afin qu'ils y mettent
ordre, en desabusant le public, & faisant par ce moyen cesser le scandale, si ce n'est pas une usurpation qui ait esté faitte, ces bois leur
appartenant & non pas au Roy, ou bien en les restituant avec les
joüissances au cas qu'ils appartiennent au Roy.

Que si ces Curez sçavent par la confession auriculaire de ces Gentilshommes, que c'est une usurpation, & qu'ils refusent d'en faire
la restitution ; pour lors ils doivent leur refuser l'absolution, mais
non pas les autres Sacremens qu'ils demanderont publiquement ;
parce qu'on ne doit point refuser les Sacremens à un pecheur ocul-
te qui les demande publiquement.

Et supposé que l'usurpation soit manifeste de l'une de ces trois
manieres, ces Gentilshommes ne peuvent sans une grande injustice faire achetter à leurs vassaux le droit d'usage que ces vassaux
ont eu de tout temps dans ces bois par la concession des Rois ; mais
ils sont tenus en conscience de les laisser joüir de leur droit d'u-
sage & de leur restituer ce qu'ils ont receu d'eux pour leur permettre d'en joüir. S'ils perseverent dans cette injustice, on leur doit refuser les Sacremens comme il a esté dit cy-dessus.

SECOND CAS.

" Dans un païs où les Tailles sont réelles, & où les Gentilshommes
" sont obligez de les payer des terres non Nobles, il y en a qui ne les
" payent point: de sorte que les Consuls & les Communautez des lieux
" estant obligez de lever sur tout le Village ce que ces terres doivent
" payer, les pauvres se trouvent payer ce que ces Gentilshommes
" doivent.

" On demande si les Curez qui sçavent cela, qui est notoire, peu-
" vent les admettre aux Sacremens lors qu'ils perseverent dans cette
" injustice, & qu'ils refusent de la reparer pour le passé.

RESOLUTION.

Sur le second Cas : Supposé la notorieté du fait, que les Curez
ne peuvent admettre aux Sacremens ces Gentilshommes quand
ils perseverent dans l'injustice de ne payer point les Tailles réelles des terres non Nobles qu'ils sont obligez de payer, & qu'ils
refusent de dédommager ceux qui les ont payées pour eux par
le passé.

Troisie´me Cas.

Il a esté reglé par les Arrests des Cours souveraines, que les champars ne se doivent prendre, qu'apres la dixme. Il y a des Gentilshommes, qui par authorité continuent toujours de faire le contraire, bien qu'on les ait souvent avertis de l'injustice qu'ils commettent en cela, qui est d'augmenter leur champart au prejudice de l'E-
glise dont ils diminuent la dixme.

On demande si ce Cas estant notoire, on les peut admettre aux
Sacremens, ne voulant point satisfaire à l'injustice qu'ils ont com-
mise, & voulant méme la continuer.

Resolution.

Sur le troisiéme, Que ce Cas estant notoire on ne peut admettre
aux Sacremens ces Gentilshommes, s'ils ne cessent leur injustice en
laissant prendre la dixme, avant qu'ils prennent les champars qui
leur appartiennent; & s'ils ne font raison aux dismeurs, du tort qu'ils
leur ont fait en prenant les champars avant que la dixme ait esté
levée.

Quatrie´me Cas.

Des Gentilshommes usent de diverses violences pour empescher
que leurs vassaux n'afferment les dixmes qui sont deüs à des Chapitres, & font par ce moyen, qu'on les leur abandonne à vil prix,
quoyque cela leur soit defendu, & que ce soit déroger à la No-
blesse.

On demande si cela estant constant, & ces Chapitres s'en plai-
gnant, on peut les recevoir aux Sacremens avant que d'avoir satis-
fait aux dommages.

Difficulté particuliere sur ce Cas general.

Deux Gentilshommes à qui leur Curé avoit refusé l'absolution,
s'adresserent à l'Evesque en declarant qu'ils se soûmettroient à ce
qu'il ordonneroit. L'Evesque ayant fait une enqueste tres-exacte de
la valeur du dommage que le Chapitre avoit pû souffrir, l'a liquidée
à une certaine somme, ce qui fut fait à l'égard de l'un de ces Gentilshommes de l'advis de deux autres Gentilshommes qu'il avoit
luy-même choisis pour discuter son affaire. Pour éluder cette restitution, ayant tous deux des amis dans le Chapitre, & l'un y ayant son
fils Chanoine, ils pretendent que le Chapitre leur a fait don du tout
ou de partie, ce qui monte pour chacun à dix mil livres & plus.

On demande si cette pretenduë donation du Chapitre les met en
sureté de conscience.

Il semble d'une part qu'oüy, parce que le Chapitre peut disposer
de son revenu.

Mais de l'autre il semble que non, parce que les Communautez
Ecclesiastiques ne sont point maistresses de leur bien pour le pro-
diguer sans raison, mais en sont seulement œconomes & depositai-

A iij

» res , & il y a icy une consideration fort particuliere, qui est que les
» Chanoines de ce Chapitre ont toûjours le mesme revenu, soit qu'ils
» reçoivent plus ou moins de leurs revenus. De sorte que ce qu'ils pre-
» tendent donner en cette occasion est toûjours le bien d'autruy, puis
» que la restitution ne s'en feroit pas à leur profit, mais au profit de
» l'Eglise.

RESOLUTION.

Sur le quatriéme : Que cela estant constant par l'evidence du fait, on ne peut recevoir aux Sacremens ces Gentilshommes qui usent de violence pour empescher que leurs vassaux n'afferment des dixmes Ecclesiastiques, & qui font par ce moyen qu'on les leur abandonne à vil prix, s'ils ne reparent le tort qu'ils ont fait à l'Eglise par ce procedé injuste & condamné par les Ordonnances du Roy.

Et sur le cas particulier : que cette pretendue donation du Chapitre faitte en la maniere qui y est exprimée, ne met pas en sureté de conscience ces deux Gentils-hommes au profit desquels elle a esté faitte; parce que cette somme tient lieu de fonds au Chapitre, & non pas de revenu annuel aux Chanoines titulaires durãt les années de ces usurpations. Et quand elle tiendroit lieu de revenu aux Chanoines pour ces années, un chacun d'eux ne pourroit auplus disposer, que de ce qui dans cette somme, pour son regard, luy tiendroit lieu de son necessaire, duquel il voudroit se priver, & non pas du surplus, que les Beneficiers sont obligez de donner aux pauvres, ou d'employer en œuvres pies.

CINQUIE'ME CAS.

» C'est une chose fort ordinaire que des Gentilshommes fai-
» sant des dépenses excessives, & au de là de leur bien s'endettent de
» tous costez. D'où il arrive qu'ils ne payent point les pauvres Arti-
» sans qu'ils ont fait travailler, ou les Marchands de qui ils ont pris
» les marchandises à credit, ce qui les fait souffrir notablement.

» On demande si les Curez ne sont pas obligez de leur differer les
» Sacremens, jusqu'à ce qu'ils ayẽt fait effort pour payer leurs dettes,
» & qu'ils ayent retranché des dépenses qui excedent leurs facultez:
» & si ces Gentilshommes en sont quittes pour dire qu'ils ne peuvent
» pas vivre moins splendidement qu'ils ont de coûtume, & qu'ils se
» deshonoreroient s'ils le faisoient.

» Dans ce méme Cas, il y en a qui ne payant point les Marchands
» ou Artisans, les obligent de peur de tout perdre, de prendre en
» payement de mauvaises denrées, & à un pris excessif.

RESOLUTION.

Sur le cinquiéme : Qu'on doit user de cette severité si la chose est manifeste de l'une des trois manieres dont il a esté parlé ; sans avoir égard à l'excuse que ces Gentils-hommes en apportent.

On doit user de la mesme severité à l'égard de ceux qui ne payent

oint les Marchands ou Artifans, ou qui les obligent de peur de tout
erdre de prendre en payement de mauvaifes denrées à un prix ex-
effif, quand la chofe eft manifefte , ainfy qu'il a efté dit.

Que fi ces chofes ne font connües que par le bruit commun, ou
ar la confeffion Sacramentale feulement : on en doit ufer à leur
gard en la même maniere qu'il a efté dit fur le premier Cas.

Sixie'me Cas.

Des Gentilshommes qui font hauts Iufticiers ne font aucune «
uftice dans leurs terres , & ne prennent aucun foin de faire punir les «
nalfaiteurs ; ou parce qu'il leur en coûteroit quelque argent, ou par- «
e qu'ils trouvent quelque avantage à proteger ces gens-là. «

· On demande fi ces excés eftant notoires , & leur negligence pu- «
lique & connüe, les Curez ne font pas obligez de les avertir de leur «
evoir & de leur refufer l'abfolution s'ils n'y fatisfont ? «

Resolution.

Sur le fixiéme : Que les Curez font obligez d'avertir de leur de-
oir les Gentilshommes de leurs Parroiffes, qui font hauts Iufticiers,
 neanmoins ne font faire aucune Iuftice dans leurs terres , & ne
rennent aucun foin de faire punir les malfaiteurs , pour n'en vouloir
as faire la dépenfe ; ou parce que par la protection qu'ils leur don-
ent ils y trouvent quelques avantages. Que fi ces Gentilshommes
 1éprifent les faints avertiffemens de leurs Pafteurs, on peut , & on
oit leur refufer l'abfolution

Septie'me Cas.

Plufieurs Seigneurs mettent eux-mêmes les mefures à leurs mou- «
ns, ou fouffrent que leurs Meufniers les agrandiffent fous pretexte «
ue leurs Moulins n'eftant pas bannaux, y vient qui veut , & qu'il «
ur eft libre de n'y pas venir , quoy que leurs vaffaux n'ofent pas al- «
r ailleurs de peur d'eftre maltraittez. Quand les Curez fe plaignent «
e ces fauffes mefures, ou de ce que les Meufniers n'ayant qu'une «
rande mefure pour recevoir leur droit, par exemple la mefure de «
e qu'ils ont droit de prendre pour un fetier, ne mefurent qu'à peu «
rés & tousjours à leur profit, le droit qu'ils prennent des pauvres «
ui ne leur apportent que la moitié, ou le quart d'un fetier pour «
oudre ; les Gentilshommes difent que cela n'eft pas de la connoif- «
nce des Curez. «

On demande fi les Curez peuvent tolerer cette injuftice quand «
le eft publique & notable ; & s'ils ne font pas obligez de refufer «
s Sacremens à ces Gentilshommes , jufqu'à ce qu'ils ayent fait «
effer cetre vexation des pauvres gens ? «

Resolution.

Sur le feptiéme : Que ces Seigneurs qui n'ont pas droit de banna-
té doivent laiffer leurs vaffaux en toute liberté d'aller moudre où il
ur plaira : Qu'ils font obligez de faire en forte que leurs Meufniers

ayent des mesures justes tant grandes que petites, & ne se servent
plus de fausses mesures au dommage des habitans : Que si aprés en
avoir esté avertis, il arrive par leur negligence ou par leur connivence
ce que cette injustice continue, pour lors les Curez seront obligez
de leur refuser l'absolution, & même les autres Sacremens en cas de
notorieté de fait.

HUITIE'ME CAS.

» Par les Ordonnances Royaux aussi bien que par celles de l'Egli-
» se, il est deffendu de faire aucune œuvre servile les Festes & Di-
» manches, de charrier ou faire charrier & de mesurer des bleds ; de
» vendre & étaller à boutique ouverte ; de faire aucunes danses pu-
» bliques en ces jours ; & ces mêmes Ordonnances deffendent aux
» Habitans des Villes ou Villages d'aller boire ou manger és Caba-
» rets ; enjoignant aux Iuges de tenir la main à l'execution de ces
» Ordonnances. On a reconnu par experience que tous les desor-
» dres d'un Diocese viennent principalement de cette frequentation
» des Cabarets qui oste aux Païsans le moyen de faire subsister leurs
» familles, & est cause de beaucoup d'autres maux ; des danses qui s'
» font pour l'ordinaire d'une matiere tout a fait scandaleuse ; & du vio-
» lement des Festes : c'est pourquoy l'Evesque a fait tout ce qu'il a pû
» pour empescher ces maux. Mais quelques Gentilshommes ont fait
» & font encore tout ce qui leur est possible pour détruire ce qu'il a pû
» édifier, non seulement par la protection qu'ils donnent à toutes les
» personnes mal vivantes & déreglées de ce Diocese ; mais aussy parce
» qu'ils les poussent à commettre ces desordres, ce qui fait qu'ils con-
» tinuent à la ruine des ames.
» On demande si ces choses estant notoirement scandaleuses, &
» tout le monde sçachant que ce sont ces Gentilshommes, & autres
» personnes puissantes, comme Iuges, Consuls, & principaux Habi-
» tans qui les font continuer chacun en leurs terres ; ou ne les repri-
» ment pas estant en obligation de le faire, les Curez & Confesseurs
» ne leur doivent pas refuser les Sacremens jusqu'à ce qu'ils ayent fait
» cesser ces desordres selon leur pouvoir.

RESOLUTION.

Sur le huitiéme : Que pour refuser les Sacremens à ces Gentilshommes & autres personnes puissantes, comme Iuges, Consuls, &
principaux Habitans, ce n'est pas assez que ces choses soient notoirement scandaleuses : mais qu'il faut aussy qu'il soit manifeste de l'une
des trois manieres, que ce sont eux qui les font continuer chacun
dans leurs terres, ou qui par une negligence ou condescendance
criminelle ne les repriment pas estant en obligation de les reprimer.
Et au cas que cela soit ainsy, les Curez & Confesseurs aprés avoir
pris ordre de l'Evesque, & avoir averti ces personnes de leur devoir, sont obligez de leur refuser les Sacremens jusqu'à ce qu'ils ayent
fai-

fait ce qui eſt en eux pour faire ceſſer ces deſordres.

NEUVIE'ME CAS.

Vn Gentilhomme pendant la guerre, l'Etape eſtant en ſon Village, a receu diverſes ſommes de la Province, comme c'eſt la coûtume pour le dédommagement des foules ſouffertes par les vaſſaux ; il n'a point diſtribué ces ſommes, ou n'en a donné que tres
peu de choſe, quoy qu'elles ſoient tres conſiderables, ſous le faux
pretexte que c'eſtoit luy qui avoit ſouffert tout le dommage, ſes vaſſaux neanmoins en ayant ſouffert auſſi bien que luy : De ſorte que
quand la ſomme donnée pour le dédommagement n'auroit pas eſté
équipolent à tout le dommage, elle devoit eſtre neanmoins regalée
à tous ceux qui en avoient ſouffert.

Vne autre fois ce régalement ayant eſté fait, & ſa portion luy
ayant eſté donnée, & ayant même declaré par ſa quittance qu'il
eſtoit payé des foules par luy ſouffertes, il a depuis obligé ſes vaſſaux de luy donner la ſomme de quatre cent livres, ſous pretexte
qu'il avoit perdu plus qu'on ne luy avoit donné, quoy qu'on euſt
eſtimé toutes les pertes qu'il avoit faittes, & qu'on les luy euſt payées
au même pied des pertes de ſes vaſſaux.

On demande ce qu'un Curé peut faire dans une telle rencontre,
& s'il peut recevoir ce Gentilhomme aux Sacremens ſans reſtitution.

RESOLUTION.

Sur le neuviéme : Suppoſé la notorieté ; ce Gentilhomme qui
pendant la guerre, l'Etape eſtant en ſon Village, n'a pas diſtribué
les ſommes par luy receuës pour le dédommagement des foules ſouffertes par ſes vaſſaux, en les régalant ſelon les regles de la Iuſtice à
un chacun à proportion du dommage ; & qui a une autrefois obligé
ſes vaſſaux de luy donner quatre cent livres, ſous pretexte que dans
un régalement il n'avoit pas autant receu qu'il avoit ſouffert de
dommage, quoy que le régalement euſt eſté fait ſelon la juſtice, ne
peut eſtre receu aux Sacremens ſans faire reſtitution, tant des quatre cent livres, que des autres ſommes par luy receües & non diſtri-
buées ſelon qu'elles le devoient eſtre.

DIXIE'ME CAS.

Vn des plus riches d'un Village eſtant mort ſans enfans, le Seigneur dit aux heritiers qu'il vouloit prendre le bien en fonds au pied
des achats qu'il en avoit faits. Ces heritiers apprehendant qu'il ne
voulût ſous ce pretexte s'emparer de l'heredité, luy donnerent un
troupeau de moutons de cette heredité, afin qu'il leur laiſſât la liberté de partager le reſte entr'eux, & ils ont declaré que ç'avoit eſté
par force, & pour pouvoir joüir du bien que leur avoit laiſſé leur
parent.

On demande ſi ce Gentilhomme n'eſt pas obligé de reſtituer ce

B

» troupeau de moutons ; & fi ne le voulant pas faire on le doit refuſer
» aux Sacremens.

RESOLUTION.

Sur le dixiéme : Que ce Gentilhomme eſt tenu à la reſtitution de
ce troupeau de moutons qui ne luy a eſté donné par les heritiers du
deffunct, que pour ſe conſerver dans la poſſeſſion & proprieté de
leurs fonds que ce Seigneur vouloit avoir, ſur le pied comme il di-
ſoit, des achats qui en avoient eſté faits par ledit deffunct, & que
dans l'apprehenſion qu'ils avoient qu'il ne s'en emparaſt ſous pretexte de les achetter ; ce qu'ils ne luy auroient pas voulu donner autrement, cette donation luy ayant eſté faite par force, afin de pouvoir joüir du bien de la ſucceſſion qui leur appartenoit. Et en cas
de refus par ce Seigneur de faire cette reſtitution, on ne doit point
luy donner l'abſolution, ny même les autres Sacremens, ſi cette
exaction injuſte eſt manifeſte, comme il a eſté dit.

ONZIE'ME CAS.

» Vn Gentilhomme dans un païs où les Tailles ſont réelles poſſede
» une Métairie dans le territoire d'une Ville laquelle il pretend No-
» ble. Les Habitans de cette Ville pretendent le contraire, & l'ayant
» mis à la Taille, ce Gentilhomme refuſa de la payer. L'affaire fut
» portée à une Cour des Aydes, où ce Gentilhomme fut condamné
» par proviſion. En haine de cette condamnation il a ſuſcité un pro-
» cez criminel à deux des Conſuls de cette Ville-là, & à trois ou qua-
» tre des principaux Habitans qui avoient eu plus de part à ce procés
» pour le bien de la Communauté : & eſtant aſſiſté de quelques Habi-
» tans de cette Ville ennemis des autres, il a fait faire de fauſſes infor-
» mations contre ces perſonnes, ſur leſquelles il a detenu cinq des
» principaux Habitans priſonniers à un Parlement pendant un an, où
» enfin ils ont eſté opprimez. Ce Cas eſt notoire, & les témoins ont
» declaré depuis la fauſſeté de leurs depoſitions.

» On demande quelle conduite on doit garder envers ce Gentil-
» homme, & envers ceux qui ont eu part dans la fauſſeté & dans l'op-
» preſſion ; & ſi les Curez ne ſont pas obligez de les refuſer aux Sacre-
» mens juſqu'à ce qu'ils ayent ſatisfait au dommage qu'ils ont cauſé
» à ces perſonnes opprimées.

RESOLUTION.

Sur l'onziéme : Que ce Gentilhomme & les Habitans de cette
Ville qui l'ont aſſiſté ſont tenus de tous les dépens, dommages &
intereſts envers les deux Conſuls & les autres Habitans qu'ils ont
vexez par des fauſſetez, des empriſonnemens, & autres procedures
injuſtes, & enfin opprimez par la ſuite d'un procez plein d'iniquité.
Qu'ils ſont auſſy tenus de leur reparer leur honneur autant qu'ils le
pourront. S'ils ne le font pas, qu'ils ſont indignes des Sacremens,
& qu'on les leur doit refuſer, ſelon qu'il a eſté dit au premier Cas.

Douziéme Cas.

Vn Gentilhomme ayant beaucoup d'argent, & ne trouvant pas «
occaſion d'en achetter quelque terre, penſa de le faire profiter chez «
des Marchands, & chez d'autres perſonnes en le donnant au denier «
ſeize, qui eſtoit pour lors le denier de l'Ordonnance. Et comme il «
avoit quelque ſcrupule de conſcience ; pour s'en décharger, il fit «
conſulter à Toulouze ce Cas, & ceux à qui il le conſulta luy dirent «
qu'il le pouvoit. «

Sur cela on demande deux choſes. «

1. Si les enfans de ce Gentilhomme qui eſt mort preſentement «
ſont obligez de reſtituer les intereſts que leur pere & eux depuis ſa «
mort ont retiré de ces preſts. Les raiſons de douter ſont d'une part «
qu'il ſemble qu'oüy, parce que ces intereſts venant d'un pur preſt «
ſont uſuraires. Mais de l'autre, il ſemble que non, à cauſe de la bon- «
ne foy du pere, & que s'il n'avoit point donné ſon argent à preſt, il «
l'auroit employé à quelqu'autre choſe qui luy auroit apporté un «
ſemblable profit. «

La 2. queſtion eſt de ſçavoir ſi ces enfans n'eſtant pas perſuadez «
qu'ils ſont obligez à cette reſtitution, & trouvant aſſez de perſon- «
nes qui les en déchargent, cette obligation eſt aſſez conſtante & «
aſſez notoire pour donner droit au Confeſſeur de leur refuſer l'ab- «
ſolution s'ils ne le font, le fait eſtant d'ailleurs d'une notorieté pu- «
blique. «

Il y a encore dans cette affaire un Cas particulier qui regarde le «
fils aiſné. Il y a quinze ou ſeize ans que ſon pere eſt mort, & qu'il «
recüeillit la ſucceſſion ; ſes freres n'eſtant pas en âge de joüir de leur «
bien, on luy fit dés ce temps-là deux difficultez : La premiere, Que «
comme heritier, il devoit reſtituer les intereſts perceus par ſon pere: «
La deuxiéme, Qu'il devoit retirer cét argent des Marchands. Il ſe «
deffendit de la premiere par les raiſons cy-deſſus ; & de la deuxié- «
me, parce que devant payer la legitime à ſes freres & l'intereſt de «
cette legitime, juſqu'à ce qu'ils euſſent atteint l'âge de vingt-cinq «
ans, il penſoit pouvoir pour cela laiſſer cét argent à intereſt ; & les «
choſes ſont encore en cét eſtat. «

Vne autre circonſtance eſt, Que pluſieurs de ceux de qui ſon Pere «
& luy ont tiré intereſt ſont tres pauvres. «

Resolution.

Sur le douziéme: Que les enfans de ce Gentilhomme qui eſt mort,
ſont obligez de reſtituer les intereſts que leur pere & eux depuis ſa
mort, ont retirez à cauſe des preſts ; ſi ce n'eſt que ces intereſts ayent
eſté receus & conſumez de bonne foy, & que leur pere ou eux,
n'en ſoient pas devenus plus riches ; car en ces cas ils n'y ſeroient pas
tenus. Et comme on ſuppoſe la bonne foy dans le pere & non dans
les enfans ; il ne reſte qu'à voir ſi ces intereſts ont eſté tous par luy

receus ; s'ils ont esté consumez durant la bonne foy ; & si les ayant receus & consumez il ne s'en est point enrichi ? Si toutes ces trois conditions s'y rencontrent, il n'y a point d'obligation de restituer. Si l'une ou plusieurs de ces conditions manquent, il y a obligation de restituer tout ce qu'il aura consumé de bonne foy s'il s'en est enrichi, & tout ce qu'il n'aura pas consumé de bonne foy. Il y a aussy obligation aux enfans outre les restitutions, de ne recevoir à l'avenir aucuns interests à cause de ces prests. Que s'ils ne veulent point cesser ce commerce, ny faire les restitutions au cas qu'il se trouve qu'ils y soient obligez faute de bonne foy en la perception ou consomption, ou pour s'en estre enrichis, le Confesseur leur refusera l'absolution.

Et sur le Cas particulier qui regarde le fils aisné : La réponse ayant esté faitte cy-dessus à la premiere difficulté, les Docteurs sousignez sont d'avis qu'il n'a pû laisser ainsy cet argent à l'interest, quoy qu'il fust tenu de payer la legitime à ses freres, & l'interest de cette legitime jusqu'à ce qu'ils ayent atteint l'âge de vint-cinq ans : mais qu'il peut en retirant cette somme, & faisant ses diligences pour cét effet en justice de bonne foy, l'employer en rentes ou heritages comme il est ordonné par l'Ordonnance de Charles IX. de 1560. article 102. touchant les deniers des mineurs, les Conciles ayant prononcé en termes formels qu'on ne peut sans commettre le peché d'usure, mettre à interest à cause du prest les deniers des mineurs, comme il se voit dans le premier Concile de Milan sous saint Charles, & dans celuy de Bordeaux de l'an 1583. ce qui avoit esté auparavant defini en l'Assemblée du Clergé tenue à Melun en 1579.

TREIZIE'ME CAS.

″ Il y a quelques Villages que les Rois ont annoblis à cause de l'o-
″ bligation que les Habitans s'estoient imposée de garder à leurs dé-
″ pens certaines Places lesquelles estoient pour lors frontieres. Vn
″ de ces Villages estant pressé par le Receveur des Francs-Fiefs, de-
″ puta quelques Habitans vers son Evesque qui estoit dans la Ville
″ capitale de la Province pour sçavoir ce qu'ils devoient faire : On fit
″ consulter la chose, & le Conseil trouva que c'estoit une vexation.
″ En effet, on s'addressa aux Iuges commis par le Roy pour ces cho-
″ ses ; qui firent inhibitions & deffenses à ce Fermier de molester ce
″ Village. Ces Habitans emporterent avec eux ces deffenses ; mais
″ le Seigneur de ce Village ne leur donna pas la liberté de s'en ser-
″ vir, & il les obligea de traitter avec ce Receveur, & de luy donner
″ Douze cens livres, desquels ledit Receveur donna la moitié à ce
″ Gentilhomme, qui luy ceda pour l'autre moitié une dette dont il
″ n'a rien tiré.

″ On demande, 1°. Si ce Gentilhomme a pû par son autorité em-
″ pescher ses vassaux de se servir des deffenses par eux obtenues,

& les obliger à traitter avec ce Receveur.

2° S'il a pû partager avec luy ces Douze cens livres que ces pau- «
vres Habitans luy ont données, ne luy devant rien, & quelle con- «
duite un Confeſſeur doit garder à l'égard de ce Gentilhomme. «

RESOLUTION.

Sur le treiziéme Cas : Les ſouſignez eſtiment que ce Gentilhomme n'a pû par ſon autorité empeſcher ſes vaſſaux de ſe ſervir des deffenſes par eux obtenuës en Iuſtice contre le Receveur
des Francs-Fiefs qui les vexoit & les troubloit dãs leur Privilege, ny
les obliger à traitter avec ce Receveur, moyennant une ſomme d'argent, pour ſe liberer de ſes pourſuites : Qu'il n'a pû auſſy partager
avec ce Receveur la ſomme que ces Habitans ont donnée par ſes
ordres : Qu'il eſt obligé de reſtituer cette ſomme entiere, & que
s'il ne veut pas faire cette reſtitution, on ne le doit point abſoudre.
Si neanmoins il leur avoit donné ce conſeil pour leur bien dans la
penſée, que nonobſtant les deffenſes par eux obtenues, ils ſeroient
inquiettez encore par ledit Receveur, juſqu'à ce qu'on ſe fuſt accommodé avec luy : en ce cas ce Gentilhomme ne ſeroit obligé qu'à
la reſtitution de la part qu'il en a touchée.

QUATORZIÉME CAS.

Vn Eveſque ayant reconnu dans une viſite generale de toutes les «
Parroiſſes de ſon Dioceſe par les plaintes d'un grand nombre de pau- «
vres gens, que les riches abuſoient des biens que Dieu leur avoit «
donnez à la ruïne des pauvres, qu'ils opprimoient ſous pretexte de «
les aſſiſter, en les engageans dans pluſieurs contracts & trafics, dont «
quelques-uns eſtoient tout à fait uſuraires ; les autres bons, & juſtes «
dans leur inſtitution ; mais corrompus, & vitiez par pluſieurs inju- «
ſtices, que la cupidité multiplioit tous les jours : Il s'appliqua à re- «
connoiſtre la nature de toutes ces ſortes de contracts & trafics, «
pour pouvoir juger de leur juſtice ou injuſtice. «

Le premier s'appelle dans le païs *Gazaille*, c'eſt à dire une ſocie- «
té de beſtail à laine, qui ſe fait de cette ſorte ; Pierre, par exemple, «
donne à Iean cent brebis, & Iean s'engage de les nourrir, & heber- «
ger à ſes dépens, & d'en avoir ſoin pendant ſix ans, à ces condi- «
tions. La premiere, Que chaque année il acquierera un douziéme «
du fond : La deuxiéme, Qu'il le partagera au bout de ſix ans ; en- «
ſemble le croiſt avec Pierre : La troiſiéme, Que toutes les années «
ils partageront également les agneaux & la laine : La quatriéme, «
Que le laict, le fumier, & certains morceaux de laine appellez *Sou-* «
gails appartiendront à Iean ſeul, pour l'aider à ſupporter les frais «
de la ſocieté. «

Il y a des Gentilshommes, & autres perſonnes riches & puiſſan- «
tes, qui accompagnent ce contract de quelqu'unes des circon- «
ſtances ſuivantes. 1° Pierre ſe ſervant de la neceſſité de Iean achette «

B iij

» de luy les cent brebis, a plus vil prix qu’elles ne vallent, pour les luy
» donner enſuite en ſocieté. 2° Pierre oblige Iean de luy vendre la
» laine, ou les agneaux du croiſt à vil prix. 3° Pierre oblige Iean à
» continuer la ſocieté plus de ſix ans tirant ainſy le profit d’un fond
» entier, dont il n’a plus que la moitié.

» Les païſans ou menagers l’accompagnent auſſy de l’une des trois
» circonſtances ſuivantes. 1° Ils n’ont pas tout le ſoin qu’ils doivent
» avoir du beſtail, & de les nourrir, & aſſaiſonner comme il faut, ce
» qui fait qu’il perit, ou tout ou partie. 2° Ils changent le beſtail qui
» leur a eſté donné en ſocieté, pour d’autre de moindre valeur. 3° Ils
» feignent que le beſtail eſt peri par maladie, ou qu’il a eſté devoré
» par le loup; & neanmoins c’eſt qu’ils l’ont vendu pour ſubvenir à
» leur neceſſité, ou bien ayant eſté effectivement devoré par le loup,
» ils en cachent les peaux deſquelles ils ne doivent avoir que la moitié.

» On demande, 1° Si le contract de ſocieté de beſtail à laine eſt
» legitime ?

» 2° Si le contract de *Gazaille* ainſy qu’il eſt exprimé dans ce Cas
» eſt licite ?

» 3° Si le même contract de ſocieté nommé *Gazaille* conſideré en
» tant qu’accompagné de quelques-unes des circonſtances cy-deſſus
» exprimées, n’eſt pas injuſte ?

» 4° Si ceux qui ont côtracté avec quelqu’unes de ces circonſtances,
» ne ſont pas obligez de reparer l’injuſtice par eux commiſe en reſti-
» tuant le dommage qu’ils ont fait, par exemple Pierre à Iean, en achet-
» tant à vil prix ſon beſtail, ou la laine & les agneaux, ou en l’obligeant
» à continuer la ſocieté aprés les ſix ans; & au contraire Iean à Pierre,
» s’il a commis à ſon égard quelqu’unes des injuſtices ſpecifiées cy-
» deſſus; & ſi c’eſt une bonne raiſon à Pierre pour s’en exempter de
» dire, que Iean s’eſt accommodé de ſon bien; que ſi il ne luy euſt
» donné ces cent brebis en ſocieté, il ſeroit mort de faim avec ſa fa-
» mille; qu’il luy a bien valu cela par les bons offices qu’il luy a rendus,
» & ſemblables choſes que Iean pourroit auſſy dire de ſon coſté; & ſi
» les Curez & Confeſſeurs peuvent donner l’abſolution à ces per-
» ſonnes, s’ils ne font cette reſtitution, ſuivant leur pouvoir preſent ?

RESOLUTION.

Les Docteurs en Theologie ſouſignez, ſont d’avis, ſur les qua-
tres demandes du quatorziéme Cas.

Sur la premiere, Que le Contract de Société de beſtes à laine
conſideré en ſoy eſt juſte, pourveu qu’il ait trois conditions.

La premiere eſt, Que ſi ces beſtes periſſent, ou qu’elles ſoient
perduës, ſans qu’ils y ait de la faute de celuy à qui elles ſont donnez
en ſocieté, qu’elles periſſent, ou ſoient perduës à celuy qui les a
miſes en ſocieté; Car autrement ce ſeroit un Contract uſuraire;
comme il a eſté defini par Sixte V. en ſa Bulle DETESTABILIS du

21. Octobre 1586. en ces termes ; *Nous* ᵃ *condamnons & reprouvons tous Contracts, Pactes, & Conventions sous tiltre de societé, par lesquels ceux qui donnent argent, bestail, ou autre chose, obligent les prenans de leur rendre & restituer dans un temps prefix, les choses par eux mises en societé, entieres, & en même estat qu'ils les ont données, quelque dommage, perte ou diminution qui leur puisse arriver ; & cependant tant que, la societé subsistera, leur payer par chacun an, ou par chacun mois un certain profit dont ils conviennent : Voulons, que tels & semblables Contracts, Pactes & Conventions soient tenues pour illicites & usuraires, & qu'il ne soit permis à ceux qui donneront en societé de l'argent, du bestail, ou autres denrées, de convenir d'un gain certain, comme il a esté dit, ny d'obliger leurs associez, quelque perte qui leur arrive, de leur rendre le capital par eux mis en societé entier & sans diminution avec interest certain ou incertain. Interdisons & deffendons tres-expressément à tous fidelles d'entrer à l'avenir en semblables societez sous conditions usuraires.* Et auparavant c'est asçavoir en 1565. par le premier Concile de Milan sous saint Charles, en la deuxiéme partie des Constitutions au tiltre *de Vsuris*, en ces termes : *Dans* ᵇ *la societé de bestail, qu'on donne sans le priser aux païsans pour en avoir soin, toutes les pertes & diminutions doivent estre supportées par celuy à qui appartient le bestail, s'il n'est certain, qu'elles soient arrivées par la faute ou par la negligence de celuy qui en estoit chargé. On ne pourra aussy stipuler, que le bestail sera rendu en mesme estat qu'il a esté donné, non pas des premiers fruicts de la societé.* L'assemblée de Melun de l'an 1578. definit la mesme chose en mêmes termes, & aussy le Concile de Bourdeaux assemblé en 1585. au chapitre 29. C'est ce que saint Thomas avoit enseigné en la 2ᵉ, 2ᵉ quest. 7. 8. a. 2. ad 5. où il parle de la societé d'argent, qui en cela est de même condition, que celle des bestes à laine. Voicy ses paroles : *Celuy* ᶜ *qui donne de l'argent à tiltre de societé à un Marchand, ou à un Artisan, ne perd point la proprieté de son argent, dont il demeurera toûjours maistre, ce qui fait qu'il est juste, qu'il coure les hazards & les risques, qui peuvent arriver dans le trafic où il l'a mis.*

ᵃ Damnamus & reprobamus omnes, & quoscumque Contractus, & Conventiones Pactiones posthæc ineundos seu ineundas, per quos seu quas cavebitur personis, pecunias, animalia, aut quaslibet alias res societatis nomine tradentibus, ut etiam si fortuito casu, quamlibet jacturam, damnum, aut amissionem sequi contingat, sors ipsa seu Capitale semper salvum sit & integrum à socio recipiente, restituatur; sive ut de certa quantitate vel summa in singulos annos aut menses, durante societate. respondeatur : statuimusque hujusmodi côtractus conventiones, & pactiones, usurarios, & illicitos post hac censeri debere : atque imposterum non licere ijs qui pecunias, vel animalia, aut alias res in societatem tradant, de certo lucro, ut præfertur percipiendo inter se pacisci, & concordare ; neque etiam, sive ad certum, sive ad incertum lucrum convenerint, socios qui ea recipient ad sortem seu capitale salvum, & integrum, ubi illud casu fortuito perierit, vel amissum erit reddendum, quovis pacto, aut promissione sibi obligare. Ac ne de cætero societates ineantur, sub hujusmodi pactis & conditionibus quæ usurariam pravitatem sapiunt, districte, interdicimus & prohibemus.

ᵇ In societate animalium quæ inæstimata alicui dantur ad custodiam, sive ut operas præstet, omnes casus, etiam fortuiti semper sint periculo ejus qui dederit ; nisi id alterius socij dolo, vel magna negligentia accidisse constiterit. Ne fiat pactum ut sors sit semper salva etiam ex primis fœtibus.

ᶜ Ille qui committit pecuniam suam vel mercatori vel artifici per modum societatis cujusdam, non transfert dominium pecuniæ suæ in illum, sed remanet ejus; ita quod cum periculo ipsius mercator de eâ negotiatur, vel artifex operatur.

La seconde condition requise afin que le contract soit licite, est que celuy qui se charge du bestail, s'oblige d'estre fidelle pour ne le point changer ; comme aussy de donner ses soins pour le bien conserver, & de compter de bonne foy de tous les profits.

Et enfin la troisiéme condition est, que ces profits soient partagez justement, en sorte que celuy qui se charge du bestail profite d'une partie qui soit proportionnée à son travail, à ses soins, à son industrie, & aux dépenses qu'il luy faut faire ; & que l'autre en ait aussy part selon la justice, à cause que le bestail luy appartient. C'est ce que saint Thomas enseigne au lieu allegué, en tirant cette consequence des paroles citées ; *& ideo sic licitè potest partem lucri inde provenientis expetere tanquam de re sua.*

Sur la deuxiéme demande du mesme Cas ; Que le contract de *Gazaille*, qui se fait en la maniere exposée dans ce Cas, & qui est en partie, un contract de vente est aussy licite. 1° Si ce qui perira, ou sera perdu des bestes à laine perit au Proprietaire, par proportion de ce qui en reste à celuy qui les a mis en societé, & du fonds que celuy qui les a receus en a acquis. 2°. Si le douziéme que celuy qui reçoit s'acquiert par chacune année des six de la societé, est un gain proportionné à ses soins, industrie, travail & dépense, joint au profit esgal du Croist à la fin du bail, & par chacune année à celuy des agneaux & de la laine, outre tout le lait, tout le fumier, & tous les morceaux de laine appellez *Sougails*, qui luy appartiennent sans partage. 3°. Si ce même preneur s'oblige d'en bien faire son devoir, comme il a esté dit cy-dessus, qu'il y est tenu.

Sur la troisiéme demande, qu'il y a de l'injustice de la part d'un Gentilhomme ou d'une autre personne, laquelle donne ses brebis en societé, quand en prenant occasion de la necessité d'un homme, il achette de luy des brebis à plus vil prix qu'elles ne vallent, pour les luy donner en societé : Comme aussy quand il l'oblige de luy vendre la laine & les agneaux du Croist à vil prix, ou à continuer la societé du même bestail plus de six ans, comme s'il avoit encore tout le fonds à luy, & non pas seulement la moitié.

Qu'il y a aussy de l'injustice de la part du païsan, ou mesnager, qui se charge du bestail en societé. 1° Si ce bestail perit, ou tombe en déchet par sa faute. 2° S'il change celuy qui luy a esté donné en d'autre de moindre prix. 3° S'il dit faussement, qu'il a esté devoré du loup ne l'ayant pas esté, pour le souftraire à son profit seul, ou si l'ayant esté effectivement il ne tient pas compte des peaux qui sont restées.

Sur la quatriéme demande ; Que si celuy qui donne le bestail, ou celuy qui le reçoit en societé, ont commis quelques-unes des injustices exprimées ; dans ce Cas ils sont obligez de la reparer, en dédommageant celuy à qui ils ont fait tort.

Que

Que ce n'est pas une excuse legitime à celuy qui a donné le bé-
tail de dire, que celuy qui est entré en societé avec luy s'est accommodé de son bien, & que sans cela luy & sa famille seroient morts
de faim, ou d'apporter d'autres semblables raisons. Et enfin, que
les injustices estant notables, les Curez & Confesseurs ne peuvent
donner l'absolution aux coupables s'ils ne dédommagent.

Quinzie'me Cas.

Plusieurs personnes ne voulant pas confier en societé du bestail, «
à certains païsans, parce que quelques-uns en ont mal usé, ont in- «
venté une autre sorte de contract. Pierre donne à Iean cent bre- «
bis, qui sont estimées par experts; à condition qu'au bout de six ans «
Iean rendra à Pierre cent autres brebis, de pareille valeur, ou le prix «
estimé, & que cependant il luy payera chaque année pour chacune «
de ses brebis, une livre & demie, ou deux livres de laine; c'est à dire «
sept sols & demy, ou dix sols pour chaque beste, qui vaut dans le «
païs quarante ou cinquante sols, ou trois livres pour le plus. Il est «
vray que Pierre s'oblige ordinairement, à supporter une partie de «
la perte du bestail, qui pourroit arriver la premiere année par le feu «
du ciel, & par deux maladies appellées, l'une *picote*, qui est une «
espece de galle, & l'autre *faliere*, qui sont des accidens non ordi- «
naires. On appelle ce contract REDBESTIE, *Redditio bestiæ*. «

On demande si ce contract est licite? «

Les raisons d'en douter, & de croire qu'il est usuraire, sont, qu'il «
équipole à un prest d'argent, dont on ne peut tirer interest sans «
usure, dautant que Pierre se défait de la proprieté du bestail, pour «
six ans, & qu'au bout de ce terme on luy en rend pareil nombre «
d'égale valeur, & que cependant il tire sans aucun risque, (celle de «
la premiere année n'estant pas considerable,) un intetest à douze, «
ou quinze, pour cent; ce qui paroist estre une usure épouventable. «

D'autre costé il semble qu'il est licite; d'autant 1°. que ce con- «
tract donne moyen aux païsans de subsister; lequel ayant le bestail «
en son propre, & en pouvant faire ce que bon luy semble, peut par «
cette liberté mieux accommoder ses affaires. 2°. Que si on deffen- «
doit ce contract, il y auroit danger que les riches ne voulant plus «
donner de bestail en societé aux païsans, à cause de leur mauvaise «
foy, les pauvres n'en souffrissent beaucoup. «

On accompagne pour l'ordinaire ce contract de quelqu'une de «
ces trois circonstances, & quelquesfois des trois ensemble. 1°. Pierre «
achetera de Iean son bestail, à vil prix, & le luy rendra apres à plus «
haut prix, comme il sera estimé par ce contract, se servant de la «
necessité de Iean. 2°. Pierre feint par un contract, d'achetter de «
Iean une certaine quantité de bestail, pour le luy donner en suite «
à *Redbestie*, sçachant que Iean n'a point ce bestail en effet. Ce qui «
n'est qu'un prest pallié, pour tirer de grands interests, en changeant «

„ la livre & demie de laine en argent. 3°. Que Pierre donnant du bé-
„ tail en nature à Iean , fçait que celuy-cy ne le prend que pour le
„ vendre & fubvenir à fes neceſſitez ; & il arrive aſſez ſouvent, que
„ Pierre même le rachette à un prix bien plus bas , qu'il n'a eſté
„ eſtimé.
„   L'Eveſque durant pluſieurs années a declaré , que s'il toleroit
„ cette forte de contract , ce n'eſtoit qu'à cauſe de la dureté des
„ cœurs ; mais depuis il l'a abſolument deffendu. Surquoy on de-
„ mande , ſi ceux qui ont pratiqué ce contract ſont obligez à reſti-
„ tution , & il ſemble, qu'il y a trois temps à diſtinguer. Le premier,
„ avant que l'Eveſque en euſt rien dit du tout. Le ſecond, lors qu'a-
„ pres l'avoir examiné , il a declaré qu'il ne l'approuvoit point , &
„ que s'il le toleroit, ce n'eſtoit qu'à cauſe de la dureté des cœurs.
„ Le troiſiéme, depuis qu'il l'a declaré illicite abſolument. Et ſuppo-
„ ſé , que ces perſonnes ſoient obligées à la reſtitution, ſi refuſant de
„ la faire , les Curez & Confeſſeurs peuvent en conſcience leur don-
„ ner l'abſolution.

RESOLUTION.

Sur la premiere demande du quinziéme Cas, que le contract de
Redbeſtie , par lequel celuy qui fournit les beſtes ne court aucun
riſque , eſt illicite, & condamné par ſaint Charles dans le premier
concile de Milan, en ces mots: *Si autem animalia dentur æſtimata,
ita ut fors danti ſalva ſit, nihil ommino percipi poſſit.* Ce contract
eſt un contract de preſt, ou de vente. Si c'eſt un preſt, on ne peut
en rien percevoir pardeſſus le ſort principal ſans uſure. Si c'eſt une
vente, il n'eſt pas juſte d'exiger rien au de là de l'eſtimation. On peut
dire que c'eſt un preſt tacite & implicite , parce que donner pour
un temps des beſtes à laine apres qu'elles ont eſté eſtimées , avec
liberté au preneur de s'en ſervir ſelon ſon bon plaiſir , pourveu qu'il
en rende à la fin du temps autant de pareille valeur , ou le prix eſtimé ; c'eſt comme ſi on donnoit pour un temps autant d'argent, que
ce beſtail eſt eſtimé, à condition d'en rendre autant , que l'on en
aura receu ; & l'on peut auſſy dire, que c'eſt une vente , parce que
*æſtimatio venditionem facit. l. æſtimatæ ff. ſoluto matrimonio. & l. ple-
rumque ff. de jure dotium.*

Que ce contract eſt illicite , ſi celuy qui donne le beſtail ne court
qu'un petit riſque , & qu'il en tire un grand profit ; parce qu'il y a
de l'injuſtice de recevoir un intereſt conſiderable pour un tres petit
riſque.

Et pour ce qui regarde les trois circonſtances, deſquelles on dit
que ce contract eſt ſouvent accompagné : Quant à la premiere, que
Pierre commet deux injuſtices ; l'une , en prenant occaſion de
la neceſſité de Iean pour achetter de luy ſon beſtail à vil prix :

l'autre, aprés l'avoir ainſy achetté, en luy donnant à *redbeſtie*, à plus haut prix qu'il ne vaut.

Quant à la ſeconde circonſtance ; Qu'il y a un preſt uſuraire couvert d'une fiction d'achat.

Quant à la troiſiéme ; Qu'il y a auſſy une grande injuſtice ſi Pierre donne ce beſtail à Iean en le faiſant eſtimer ce qu'il vaut, ou même davantage, pour incontinent apres le racheter de luy à un prix bien plus bas qu'il n'a eſté eſtimé. Les conciles de Milan & de Bordeaux ont condamné cette pratique : [a] *Que perſonne ne vende de la marchandiſe à celuy qui cherche de l'argent à emprunter, à deſſein de la retirer de luy à un moindre prix qu'il ne luy a vendue, ſoit qu'il en traite luy-meſme, ou qu'il ſe ſerve pour cela de perſonnes interpoſées.* Mais il n'y a point d'injuſtice ſi Pierre ne luy donne qu'à juſte prix, quoy qu'il ſçache qu'il ne le demande que pour le vendre, & pour ſubvenir à ſes neceſſitez, ſans avoir aucune volonté de le racheter de luy à moindre prix.

Sur la ſeconde demande ; Que ceux qui ont eſté dans la pratique de ce contract de *Redbeſtie*, en ſe chargeant ſeulement de ce petit riſque, & en recevant pour cela de grands intereſts, ſont obligez à la reſtitution de ce qu'ils ont receu d'excedant depuis la declaration de l'Eveſque, par laquelle il a condamné cette pratique : & ceux qui ne voudront pas reſtituer, ne doivent point recevoir l'abſolution.

Mais pource qu'ils ont receu les deux temps precedans la declaration de l'Eveſque ; ſçavoir celuy durant lequel l'Eveſque n'a rien dit touchant cette pratique, & celuy auquel aprés l'avoir examinée, il a declaré qu'il ne l'aprouvoit point, & que s'il la toleroit, ce n'eſtoit qu'à cauſe de la dureté des cœurs ; Suppoſé, qu'ils l'ayent receu & conſumé dans la bonne foy ſans en eſtre devenus plus riches, ils ne ſont pas tenus de reſtituer : & ils y ſont tenus en cas de mauvaiſe foy, comme auſſy en cas que ces intereſts, quoy que receus en bonne foy, n'ayent pas eſté conſumez ; & auſſy qu'en cas qu'ayant eſté perceus & conſumez de bonne foy, celuy qui les a ainſi conſumez en ſoit devenu plus riche, eſtant contre toute juſtice, qu'on s'enrichiſſe aux dépens d'autruy. *Vt qui ex alienà jactura fiat locupletior.*

Seizie'me Cas.

Il y a une troiſiéme ſorte de trafic ou contract, que les gens du païs appellent une *Gazaille d'Aregues*, c'eſt à dire une ſocieté de beſtes à labourer, qui conſiſte en ce que Pierre donne à Iean du beſtail à corne, ou autre gros beſtail, comme Vaches, Cavalles, & ſemblables pour les tenir en ſocieté pendant l'eſpace de ſix ans. Iean eſt obligé de les nourrir, & heberger, & de donner par reſte à Pierre chaque année deux quartiers de bled, ou trois dans les

a Ne cui præſentem pecuniam quærenti quidquam carius vendatur, ut ſtatim ab venditore per ſe vel per interpoſitam perſonam vtilius ematur.

» lieux, où elles peuvent travailler toute l'année, c'eſt à dire trois
» ou quatre livres au plus, & moyennant ce Iean acquiert toutes les
» années un douziéme du fond, lequel ſe partage entre Pierre & luy
» à la fin du terme, & le croiſt auſſy. Ce ſont là les conditions ſur leſ-
» quelles eſt appuyée la juſtice de ce trafic.

»   Il y a des Gentils-hommes, ou autres perſonnes puiſſantes qui
» accompagnent ce contract de quelques-unes des circonſtances ſui-
» vantes. Pierre oblige Iean à fournir une partie du fond ; ou exige de
» luy toutes les années plus de deux ou trois quartiers de bled ; ou une
» Vache eſtant morte par exemple, la premiere ou ſeconde année du
» contract, il l'oblige pour en achetter un autre de fournir la moi-
» tié du prix, quoy que n'ayant acquis ſur le fond de la ſocieté qu'un
» ou deux douziémes, il ne-deuſt ce ſemble contribüer qu'à pro-
» portion.

»   Les païſans ou ménagers accompagnent auſſy ce contract quel-
» quesfois outre les trois circonſtances marquées au premier Cas
» d'une quatriéme, qui eſt qu'ils font faire des travaux exceſſifs au
» beſtail qui l'empeſchent de profiter, ou qui le tuënt.

»   Surquoy on demande 1°. Si ce contract de *Gazaille d'Aregues*,
» eſt licite ?

»   2°. Si le même contract conſideré, entant qu'accompagné de
» quelques-unes des circonſtances cy-deſſus exprimées, n'eſt pas in-
» juſte ?

»   3°. Si ceux qui ont contracté avec quelqu'une des circonſtances
» cy-deſſus exprimées ne ſont pas obligez de reparer les injuſtices par
» eux commiſes en reſtituant le dommage qu'ils ont fait ; & s'ils ne le
» veulent pas faire, ſi les Curez & Confeſſeurs ne ſont pas obligez
» en conſcience de leur refuſer l'abſolution ?

RESOLUTION.

Sur les demandes au ſujet du ſeiziéme Cas.

Sur la premiere ; Que le contract de ſocieté de beſtes à labourer
appellé *Gazailles d'Argues*, qui n'eſt pas un contract pur de ſocieté, mais un contract de ſocieté mixte à cauſe de la vente, laquelle y eſt renfermée, eſt un contract licite, pourveu que les trois
conditions dont il a eſté parlé cy-deſſus, s'y rencontrent.

Sur la ſeconde ; Qu'il y a eſté ſatisfait preſentement.

Sur la troiſiéme ; Que ceux qui ont accompagné ce contract de
quelques-unes des circonſtances injuſtes, au prejudice notable du
prochain, ſont tenus de reparer les injuſtices par eux commiſes, en
reſtituant le dommage qu'ils ont fait ; & s'ils ne le veulent pas, que
leurs Confeſſeurs leur doivent refuſer l'abſolution.

DIX-SEPTIE´ME CAS.

»   Vn quatriéme contract eſt l'achat des Laines à l'avance qui ſe
» fait de cette maniere.

Pierre achette la Laine du beſtail de Iean , & parce qu'il l'a- "
chette dés le mois de Ianvier , & qu'il ne la pourra retirer qu'aprés "
la Toiſon qui ſe fait en May , ou en Iuin ; à cauſe de l'avance qu'il "
fait de ſon argent , ou du bled qu'il donne en payement , il achette "
la Laine à un prix beaucoup au deſſous de celuy qu'elle ſe vendra à "
la Toiſon: elle vaudra par exemple à la Toiſon vingt-ſix, vingt-huit, "
ou trente livres le cent , & il n'en donnera que dix-huict , vingt , "
vingt-deux , vingt-quatre livres. "
    "

On demande ſi cela ſe peut en conſcience ? "

   D'un coſté il ſemble , que oüy ; parce que Pierre donnant ſon ar- "
gent à Iean , pour luy faire plaiſir , ou ſon bled , qu'il vendroit , ſe "
prive du gain qu'il pourroit faire juſqu'à la Toiſon. "

   D'un autre coſté il ſemble , que non , parce que ce bon marché "
n'eſt qu'à cauſe de l'avance de l'argent , de ſorte qu'il ſemble que ce "
ſoit en effet la même choſe qu'un preſt d'argent , dont on tire pro- "
fit , & ainſy qu'on eſt obligé à la reſtitution. "

   Il eſt à remarquer ſur ce Cas , que ſouvent Pierre feint d'achet- "
ter des Laines à Iean , qu'il ſcait bien n'en avoir pas , pour pallier "
l'uſure ; & au temps de la Toiſon , il évalüe la Laine , que Iean au- "
roit deu luy livrer , & tire par ce moyen des intereſts exceſſifs , & "
pour l'ordinaire il oblige encore Iean , de peur d'eſtre executé "
pour le payement de convertir la Laine , ou le prix en bled , qu'il "
aura auſſy peu moyen de payer , que la Laine , & ainſy les uſures "
vont à l'infiny. "

R E S O L U T I O N.

Sur le dix-ſeptiéme Cas ; Que l'achat des laines à l'avance , par lequel Pierre achette de Iean dés le mois de Ianvier des Laines du bé-
tail , qui ne pourront luy eſtre livrez qu'aprés la Toiſon , à un prix
beaucoup moindre , qu'elles ſe vendront en ce temps-là , eſt un contract licite , s'il eſt incertain & douteux , que les Laines vaudront plus ,
ou moins dans le temps de leur delivrance. Cela eſt défini au chapitre *Naviganti de Vſuris* , par ces paroles. *Celuy auſſy* [a] *qui donne
dix écus pour une quantité de bled , de vin , ou d'huile , qu'on s'oblige
de luy fournir dans un certain temps , ne doit pas eſtre cenſé uſurier ,
quoy qu'il arrive que la marchandiſe qu'il a achettée par avance vaille
plus , lors qu'on luy livre , qu'il n'en a payé , pourveu qu'au temps de
l'achat il fuſt incertain ſi elle vaudroit davantage.*

   Mais s'il eſt certain que ces laines dans le temps de la toiſon vau-
drõt plus qu'il n'en paye , les payant à moindre prix preciſémẽt à cauſe qu'il en avance le payement , il fait un traité illicite & uſuraire deffendu par le Concile de Milan. [b] *On n'achettera point les denrées à vil
prix , à cauſe qu'on les paye par avance , & on ne payera point moins qu'on
ne doit , parce qu'on paye avant le terme.* Et par S. Thomas en la 2. 2.

C iij

[a] Ille quoque, qui dat decem ſolidos, ut alio tempore totidem ſibi grani , vini , vel olei menſuræ. reddatur, quia licet tunc plus valeant ; utrũ plus vel minus ſolutionis tempore fuerint valituræ, veris ſimiliter dubitatur; nõ debet ex hoc uſurarius deputari.

[b] Ne ob anticipatam ſolutionem res minoris ematur, juſto pre-

tio, vel solva-
tur minus quã
debeatur.

a Si quis
emptor velit
rem emere vi-
lius quam sit
justum pre-
tium, eo quod
pecuniam an-
te solvit, quã
possit ei res
tradi, est pec-
catum usuræ:
quia etiã ista
anticipatio
solutionis pe-
cuniæ, habet
mutui rationem, cujus
quoddam pre-
tiũ est, quod
diminuit de
justo pretio
rei emptæ.

b Ille qui
mutuum dat
potest absque
peccato in
pactum dedu-
cere, cum eo
qui mutuum
accipit, recompensationem
damni ; per
quod subtra-
hitur sibi ali-
quid quod de-
bet habere, hoc
enim non est
vendere usum

q. 78. a. 3. ad 7. qui en rend aussy la raison. [a] *Celuy, dit-il, qui veut qu'on luy vende de la marchandise à vil prix, à cause qu'il la paye avant qu'on la luy puisse livrer, commet un peché d'usure, d'autant que cette avance d'argent est une espece de prest dont il tire un interest visible par la remise qu'on luy fait de la juste valeur de la marchandise qu'il achette.* Et cecy se doit entendre avec cette restriction, c'est à sçavoir, que celuy qui achette à l'avance, ne soit point un Marchand, lequel souffriroit par cette avance du dommage dans son negoce legitime, en ce qu'il se priveroit d'un gain que cét argent luy produiroit. Car en ce cas ce contract ne seroit point usuraire ; puis que comme dit S. Thomas au lieu cité ad 1. [b] *Celuy qui preste de l'argent peut convenir qu'on luy restituera le dommage qu'il souffre, si ce prest le prive de ce qu'il avoit droit de posseder. Car alors ce n'est pas vendre l'usage de l'argent, mais c'est éviter le dommage.* De façon que le contract de l'achat des Laines à l'avance peut estre usuraire, & ne l'estre pas : qu'il le fera, si on achette moins que le juste prix, à cause de l'avance precisément ; qu'il ne le sera pas, si ce payement par avance cause du dommage à celuy qui le fait. C'est ce que Navarre a expliqué fort nettement dans ses Conseils, au tit. *de Vsuris*, Consil. 16.

Or comme il est à craindre que l'on ne couvre une usure du pretexte d'un gain certain, ou douteux, il est à propos que l'on consulte l'Evesque, & qu'on suive en cela ce qu'il ordonnera.

Et pour ce qui est de ces deux moyens, c'est à sçavoir celuy par lequel Pierre feint d'achetter des laines à l'avance de Iean, qui n'en a pas : & cét autre par lequel il s'oblige de convertir cette Laine feinte, ou son prix en bled pour la recolte : ce sont deux moyens vicieux pour cacher une tres grande usure.

pecuniæ, sed damnum vitare, &c.

DIX-HUITIE'ME CAS.

" Vn cinquiéme trafic ou contract est le prest du bled : il y en a de
" deux sortes.

" La premiere, quand Pierre donne à Iean à la Toussaints, ou à
" Noël, dix septiers de bled mesure du païs, à condition que Iean luy
" payera ces dix septiers de bled au plus haut prix qu'il vaudra dans
" l'année, ou bien dans le mois de May, qui est le mois ou le bled se
" vend le plus, jusqu'à la S. Iean.

" On demande si ce contract est licite ?

" D'un costé il semble, que oüy, parce que Pierre ayant intention
" de garder son bled jusques au temps qu'il le vendra le plus, il n'est
" pas juste, que pour faire charité à Iean, il en souffre comme il feroit
" en effet s'il estoit obligé de luy donner son bled au prix courant.

" D'autre costé il semble, qu'il soit illicite, parce que tout cela n'est qu'une usure palliée reprouvée par la decretale, *Incivitate* ; & à plus forte raison, puis qu'il n'y a pas raison de douter, que communément le bled ne soit plus cher au mois de May, & de Iuin, qu'aux Festes de Toussaints, & de Noël ; cela est aussi reprouvé par S. Thomas 2. 2. q. 78. en tout l'art 1.

La deuxiéme sorte de contract est lors que Pierre preste à Iean douze septiers de bled pendant l'année, à condition qu'il luy rendra à la recolte cinq quartiers, pour septier, c'est à dire, de quatre, cinq ; pour douze septiers, quinze.

On demande si ce Contract est licite ?

D'un costé il semble, que oüy, parce qu'il arrive assez ordinairement, que cinq quartiers de bled au temps de la recolte ne vallent pas plus qu'a valu le septier depuis Noël jusqu'à la S. Iean, qui est le temps de ces prests, & ainsy que bien loin que Pierre soit redevable à Iean, celuy-cy luy a bien de l'obligation de la charité qu'il luy a faitte.

D'autre costé il semble, que ce contract soit illicite & usuraire, parce que toute surabondance estant deffendue par la loy de Dieu, & Pierre tirant par cette voie un interest de Iean, à vingt-cinq pour cent, c'est une usure manifeste, & qu'ainsy Pierre est obligé à la restitution.

C'est ainsy que le qualifie le Concile d'Agde. *L'on commet usure, dit ce Concile, lorsque l'on exige plus qu'on n'a presté : par exemple, vous prestez un boisseau de bled, & vous demandez qu'on vous rende ce boisseau, & quelque chose par dessus.*

Saint Augustin sur le Pseaume 36. *Si vous tirez usure de vostre frere ; c'est à dire, si vous luy prestez de l'argent, & qu'outre l'argent presté vous pretendiez qu'il vous donne quelqu'autre chose, soit de l'argent, du bled, du vin, ou autre denrée de quelle nature qu'elle soit, vous estes Vsurier.*

debes pecuniam tuam, à quo plusquam dedisti expectes non pecuniam solam, sed aliquid plusquam dedisti sive illud triticum sit, sive vinum, sive oleum, sive quodlibet aliud sit : plusquam dedisti expectes accipere, fœneratores. *S. Aug. in Psal. 36.*

Vsura est ubi amplius requiritur quam quod datur : v. g. si dederis frumēti modium unum, & super aliquid exegeris. Si fœneraveris homini, id. est si mutuo

RESOLUTION.

Sur le dix-huitiéme Cas ; Que le trafic du prest de bled, par lequel Pierre donne à Iean à la Toussaints dix septiers de bled mesure de païs, à condition que Iean payera ces dix septiers de bled au plus haut prix qu'il vaudra dans l'année, ou bien dans le mois de May, ou Iuin, qui sont les mois où le bled se vend le plus, est un trafic illicite, & condamné par le Concile de Paris, sous Gregoire I V. l'an 829. au ch. 53. en ces termes. *Il arrive[a] outre cela assez souvent qu'un pauvre dans un temps où le bled est cher, aprés avoir vendu tout ce dont il pouvoit faire de l'argent pour subsister, estant reduit à une derniere misere, s'addresse à un de ces malheureux usuriers pour*

a Famis præterea tempore cum quispiam pauper omnium rerum penuria

le prier de luy prester du bled dans son extrème necessité, s'imaginant s'adresser à son frere qui a esté racheté còme luy du precieux sang de IESUS-CHRIST. *Cét hòme luy répond qu'il ne luy en peut prester, que s'il en veut acheter qu'il luy en vendra tres-volòtiers. Le pauvre luy represente qu'il n'a point d'argent : il ajoûte, qu'il le prie d'avoir pitié de sa misere, & de luy en vouloir prester à telles conditiòs qu'il luy plaira. Ie vous en donneray, luy répond l'usurier, au prix que je le vendrois presentement, que vous me payerez en argent au temps de la recolte, si vous en avez; sinon vous me donnerez pour le prix, du vin, du bled, ou autres grains. D'où il arrive, que ce méchant homme emporte du pauvre païsan au temps de la moison, trois ou quatre boisseaux, avec une violence digne de compassion, pour un boisseau qu'il luy a presté.* Ce trafic est aussy condamné par le ch. *in civitate,* & par le ch. *Consuluit de usuris.* Il est condamné par le Concile de Milan : *On ne prestera point,* dit ce Concile, *du bled, du vin, de l'huile, ou autres denrées pour en recevoir une plus grande quantité, ou quelque chose par dessus, quelle qu'elle soit, quand ce ne seroit que le travail des manouvriers.* Et par celuy de Bourdeaux, en ces termes : *Il [c] n'est pas permis de recevoir par convention expresse, ou tacite plus qu'on n'a presté, encore que ce ne soit que le travail des ouvriers, ny par consequent prester dans cette esperance, quoy qu'on n'en témoigne rien.*

[marginal note:] attenuatus, ad aliquem fœneratorem venit, ut potè frater ad fratrem, quos cōstat uno pretioso Christi sāguine redēptos, petens ab eo suas miserabiles necessitates sublevari, sibique id quod indiget cōmodari : taliter sibi ab eo solet responderi : non est mihi frumentum, aut aliud quid quod in cibum tibi sumere vis, ad mutuandum, sed magis ad venundādum. Si vis emere fer pretium & tolle. Cui pauper, non est mihi inquit quicquam pretij, quo emere id quod indigeo valeam : sed peto abs te ut miserearis mei, & quomodocumque vis, mihi quod peto ne fame peream, mutuum porrige. Fœnerator è contra Quotmodo denariis possum modiū frumenti mei vendere, aut tot denarios tempore fructus novi mihi redde, aut certè eorum pretium in frumento, & vino, & cæteris quibuslibet aliis frugibus ad plenum supple. Vnde evenire solet ut pro uno frumenti modio taliter mutuato, tres, aut certè quatuor modij à pauperibus tempore messis violenter exigantur.

b Ne frumentum, vinum, oleum, aliudve detur, ut eo, quod datum est aliquid ampliùs exigatur, sive ejus generis, sive alterius, quomodocumque etiam si operæ sint.

c Ne cui igitur ex mutuo præter sortem ex convento, vel eo quod datum est aliquid ampliùs accipere, aut principaliter sperare sive ejusdem generis, sive alterius quomodocumque etiam si operæ sint, liceat.

Car il est évident, que le septier de bled au temps le plus cher de l'année est quelque chose de plus, que n'est la mesme quantité de bled dans un temps auquel il est à grand marché.

Que le trafic du prest de bled, par lequel Pierre preste à Iean douze septiers de bled pendant l'année, à condition qu'il luy en rendra quinze à la recolte, est un trafic illicite & usuraire, s'il est certain que les quinze septiers de bled pendant la recolte vallent plus que les douze qui auront esté prestez durant le cours de l'année, parce que, *usura omnis & super abundantia prohibetur in lege cap. consuluit de usuris.*

Mais si les quinze septiers ne vaudront pas plus au temps de la recolte, que les douze prestez durant l'année, le trafic est licite, & mesme il est licite, & n'est pas usuraire au Cas, qu'il soit incertain s'ils vaudront plus ou moins. C'est la doctrine du Ch. *naviganti,* cy-dessus rapporté, comme aussy du Chapitre, *in civitate.*

Et

Et comme on peut pretexter l'ufure de cette incertitude, d'un
plus grand gain, ou d'un moindre : Il fera à propos que l'Evefque
declare s'il y a ufure palliée ou non, dans les circonftances particu-
lieres, & qu'on luy obeïfle, s'il trouve à propos de le deffendre
pour aller au devant des abus qui pouroient s'en fuivre.

Dixneuvie'me Cas.

Vn autre forte de contract eft celuy d'engagement, qui confi-
fte en ce que Iean ayant befoin d'argent donne à Pierre une terre,
à condition qu'il l'a poura racheter quand il en aura la commodité,
en rendant à Pierre ce qu'il luy aura donné ; & Pierre fait cependant travailler cette terre & en recüeille les fruicts comme des autres qui font à luy.

Les riches abufants de la neceffité des pauvres, fe fervoient pour
l'ordinaire de ce contract, pour les dépoüiller de ce qu'ils avoient
de meilleur ; mais parce qu'il pouvoit eftre utile aux pauvres pour
trouver de l'argent dans leur neceffité, l'Evefque ayant pris avis
des plus intelligens du Païs, experimentez, & gens de bien, le regla
ainfy : Que Pierre donneroit à Iean les trois quarts du prix que
vaudroit la terre fi elle eftoit vendüe purement & fimplement ;
que Pierre en payeroit les Tailles & autres charges, & qu'il feroit
dans la liberté de Iean de la rachepter quand il en auroit la commodité, fans l'obliger de faire le rachat certains jours de l'année à
peine de ny eftre plus receu de cette année, comme il fe faifoit ; &
quand à ceux qui auroient pris des terres à engagement à vil prix,
& en auroient tirez de gros fruicts ; que les charges & frais de cul-
ture deduits, s'il fe trouvoit que ce qui reftoit de revenu excedaft
l'intereft du prix de l'engagement au denier de l'Ordonnance, il
feroit imputé fur le principal.

On demande 1°. Si ce contract avec ces regles eft jufte & licite, & peut eftre fait en confcience ?

2°. Si les regles ne chargent point trop Pierre à la décharge de Iean,
& fi Pierre ne les ayant pas obfervées il eft obligé à la reftitution ?

Resolution.

Sur le dix-neuviéme Cas. Que le contract d'engagement, par
lequel Pierre, a qui Iean engage une terre, en reçoit les fruicts fans
luy en faire deduction fur le fort principal qu'il luy a prefté, eft
un contract illicite & condamné comme ufuraire par le chapitre
plures, qui eft du Concile de Tours fous Alex. III. par le ch.
quoniam, & par le ch. *conqueftus. de ufuris*. C'eft une maxime con-
ftante que *les* [a] *fruicts de la chofe, qu'on tient par engagement, apres
qu'on en a deduit les frais & dépenfes neceffaires, doivent eftre imputez
fur le principal de la dette, pour laquelle elle a efté engagée.* Le Concile de Paris au lieu allegué dit, que ce contract eft deteftable.
Voicy fes paroles : *Il y a* [b] *encore une autre forte d'ufuriers, qui ne*

[a] Fructus reï
pignoraticiæ
computari de-
bent in forté,
priùs inde de-
ductis expen-
fis.

[b] Sunt etiam
alij crudeliffi-
mi fœnerato-

ſont pas moins cruels que les precedans ; ce ſont des perſonnes qui ne veulent rien preſter aux pauvres dans leurs neceſſitez, ſi ces bonnes gens ne leur engagent un champ labourable , l'autre une vigne , ou un pré enfin s'ils ne les mettent en poſſeſſion de leurs petits fonds , & qu'ils ne leur en abandonnent entierement les fruicts pour les intereſts d'une ſomme tres-modique qu'ils leur ont preſtée , ce qui les accable & les reduit dans une extremité de miſere.

Il n'en eſt pas de même du contract de Vente à faculté de *remerer*, car ce contract eſt licite, pourveu qu'il ait les conditions ſuivantes.

La premiere eſt : Que la choſe vendüe au moyen de ce contract appartienne en proprieté à l'acquereur ; en quoy ce contract eſt diſtingué du contract d'engagement, dans lequel la choſe engagée demeure propre à celuy qui l'engage, ne l'ayant en ſa poſſeſſion que pour ſa ſeureté & non point en propre, elle ne luy peut rien produire ; ce qu'elle produit appartient à ſon Maiſtre, qui eſt non l'engagiſte, mais celuy qui engage.

La ſeconde eſt : Que le prix de vente ne ſoit pas modique mais proportionné à la valeur de la choſe conſiderée avec cette circonſtance qu'elle peut eſtre *remerée*. Car ſi le prix en eſtoit modique, il y auroit lieu de preſumer que ce ne ſeroit pas un contract de vente, mais un contract d'engagement, comme pluſieurs Canoniſtes le remarquent ſur le chap. *ad noſtrum. De emptio.* outre que le prix d'une vente doit eſtre proportionné & égal à la choſe vendüe ; & par cette même raiſon il ne doit pas eſtre le même que ſi la vente eſtoit pure & ſimple, & non pas à faculté de *remerer* ; puiſque cette condition fait que l'acquereur n'a pas un droit ſi plein & auſſy entier ſur la choſe, qu'il auroit ſi ſon acquiſition eſtoit pure & ſimple. Le juſte prix d'une choſe vendüe à faculté de *remerer*, eſt celuy qui eſt mis de l'avis de perſonnes de probité qui ſont intelligentes, & c'eſt pour l'ordinaire le prix moindre d'un quart , ou d'un tiers du juſte prix de la choſe, ſi elle eſtoit vendüe purement & ſimplement, & ſans cette condition.

La troiſiéme condition requiſe à un contract de vente à faculté de *remerer* eſt : Que le temps dans lequel le rachat ſe poura faire ſoit commode aux parties.

D'où il s'enſuit que le contract duquel il eſt parlé, & qui eſt un contract de vente à faculté de *remerer* , & non point un contract d'engagement proprement dit , eſt licite regulierement parlant.

Et quand à la deuxiéme difficulté , les Docteurs n'y répondent point, attendu qu'elle n'eſt pas de leur fait ; mais de celuy des experts, ce qu'ils peuvent dire ſeulement eſt que l'Eveſque ayant donné ſes regles , on doit preſumer, qu'elles ſont juſtes, & elles doivent eſtre ſuivies comme telles.

Eſtant telles on eſt obligé de s'y conformer ſous peine de peché, & ſi on s'en écarte notablement au préjudice du prochain, on ſera tenu à faire reſtitution.

Et à l'égard de ceux, qui ont pris des terres à vil prix, & qui en ont tiré de gros fruits, la preſomption eſt que leur contract, eſt un contract d'engagement, & non pas un contract de vente à faculté de *remerer*, ſuivant la doctrine du ch. *ad noſtrum. De emptio.* C'eſt pourquoy il faut bien les examiner au fort interieur pour découvrir ce qui en eſt, afin de conſiderer ceux qui ſont dans cette pratique comme des uſuriers, ſi ces contracts ſont des contracts d'engage-ment : & au contraire les traitter comme des perſonnes qui ont acheté à vil prix, ſi ce ſont des contracts de vente, & faire en ſorte qu'il donnent au vendeur le ſuplément neceſſaire à une juſte vente, le tout ſuivant l'eſprit & les regles données par l'Eveſque.

Vintie'me Cas.

Vn Gentilhomme, ou un autre perſonne qui n'eſt pas de condi-tion, ou en eſtat & commodité à faire valoir ſon argent par ſes mains, ayant quelque ſomme d'argent le preſte à Iean, à condition qu'il luy en payera annuellement l'intereſt au denier de l'Ordon-nance.

Ou parce que dans le fore exterieur il y a quelque difficulté à faire un contract de cette ſorte, il préte à Iean ſeize cent livres pour un an, à condition que l'an paſſé s'il ne luy rend pas ſon argent il luy en payera l'intereſt au denier de l'Ordonnance, c'eſt ce que porte le contract, & cependant pour ne luy pas donner gratuite-ment cette ſomme la premiere année, il en retient cent livres par ſes mains, & au lieu de ſeize cent que porte le contract, il ne luy en compte effectivement que quinze cent livres.

Vn autre retiendra bien les cent livres, & au lieu de ſeize cent, il n'en comptera que quinze cent livres, mais il ne mettra point cette clauſe dans le contract, que ſi Iean ne luy rend pas la ſomme dans l'an, il luy en payera l'intereſt, il prend un autre tour, le contract eſt pur & ſimple : mais l'an eſtant finy, il fait aſſigner Iean devant le Iuge, ou de concert avec luy, ou parce qu'il ſcait bien qu'il n'a pas moyen de luy rendre ſon argent, & le fait condamner à luy payer la ſomme deüe avec intereſt depuis le jour de l'interpellation en cau-ſe, ayant oüy dire que c'eſt un moyen ſeur pour ſe mettre à couvert du reproche de l'uſure. Ce qui eſt d'autant plus avantageux qu'on eſt toujours en eſtat de contraindre le debiteur au payement de la ſomme deüe, au lieu qu'on ne le peut dans le contract de conſti-tution de rente.

On demande ſi ces trois eſpeces de contracts, ou ſemblables, ſont licites, & ſi ce Gentilhomme, ou autre perſonne qui l'auroit

» pratiqué, en quelques-unes de ces manieres, est obligé à la resti-
» tution ?

»   D'un costé il semble 1°. que ces contracts sont licites , parce
» que cette personne n'ayant pas trop de tout son bien, pour vivre
» dans sa condition , & pour maintenir sa famille , il luy doit estre per-
» mis de faire valoir son argent : Or il le peut faire difficilement d'au-
» tre sorte, parce qu'en pouvant avoir besoin de jour à autre, ou
» pour marier une fille, acheter une Terre, un Office, &c. il doit estre
» en son pouvoir de le retirer quand bon luy semblera ; ce qu'il ne
» pourroit pas faire s'il l'avoit mis en rente constituée, ou au negoce,
» duquel l'occasion n'est pas toujours presente : outre qu'on a de la
» peine à trouver des fonds certains, & que s'il tire quelque inte-
» rest de son argent, c'est plutost une reconnoissance que luy fait Iean
» du bon office qu'il luy a rendu dans sa necessité, que non pas une
» redevance à cause du prest. Vne autre raison est, que si ce contract
» estoit illicite , les pauvres ne trouveroient personne qui leur voulut
» prester, & ainsi ils demeureroient accablez de miseres sans pouvoir
» se relever. Or il y a peu de cas dans lesquels on soit obligé de prester
» par charité ; la charité bien ordonnée commence par soy-mesme,
» & par sa famille, que Dieu commande d'élever comme il faut, &c.

»   2°. Il ne peut estre obligé à restitution, parce que la restitution
» suppose qu'on détienne le bien d'autruy, & il se trouvera au con-
» traire, que Iean se sera enrichy du profit qu'il aura fait estant Mar-
» chand, de l'argent que luy aura presté Pierre , & que pour six, & un
» quart pour cent, qu'il luy a donné d'interest, il en aura gagné dix,
» ou douze ; & si ç'a esté pour subvenir aux necessitez de sa famille,
» comme si c'est un païsan , artisan, &c. que sans ce prest il auroit esté
» dans la derniere misere ; & d'ailleurs Iean estant bien aise de donner
» cét interest, & le donnant volontiers, pourquoy estre obligé à la
» restitution ?

»   D'autre costé il semble 1°. que toutes ces sortes de contracts
» sont usuraires. *C'est usure*, dit le Concile d'Agde, *lors[a] qu'on exige
» plus qu'on n'a presté ; Vous avez presté par exemple dix écus, & vous
» demandez qu'on vous rende ces dix écus, & quelque chose de plus.* C'est
» de cette maniere que l'expliquent les Peres chez Gratien. 14. q. 3.
» & 4. Or l'usure estant deffendüe par la Loy de Dieu comme mau-
» vaise de sa nature , il n'y a point de circonstances qui la puissent
» rendre licite.

»   2° Qu'il est obligé à la restitution, comme il est porté par tout
» le tiltre *de Vsuris* des Decretales. Et cette personne ne peut alleguer
» de bonne foy dans un Dioecse où l'Evesque a declaré toutes ces
» sortes de prests usuraires, bien qu'il aye peut-estre trouvé des Ca-
» suistes qui l'ayent asseuré qu'il le pouvoit faire en conscience &
» que son Evesque estoit trop severe , parce qu'il est plus obligé de

[a] Vsura est ubi amplius requiritur quam datur v. g. si solidos decem dederis , & amplius quaesieris.

croire son Evesque, qui luy est donné de Dieu pour docteur & con-
ducteur, que non pas des étrangers.

On demande en second lieu, si les veufves, les pupilles, & les Communautez Ecclesiastiques & Laïques peuvent tirer legitimement &
sans usure, les interests de l'argent qu'ils ont dans les prests?

3° Si le lucre cessant separé du dommage émergent, peut estre
un tiltre legitime de tirer interest d'un argent presté? qu'est-ce
que lucre cessant? qu'est-ce que dommage émergent? & qu'est-ce
que lucre cessant joint au dommage émergent?

4° Si la bonne foy en la matiere d'usure, qui est reprouvée par le
droit divin, peut avoir lieu? qu'est-ce qu'on peut appeller bonne
foy en cette matiere, & si elle peut exempter de la restitution, sous
pretexte qu'on en a consumé les interests à mesure qu'on les rece-
voit, & qu'on n'en est pas plus riche, son bien n'en estant pas aug-
menté, ou ces interests ayans esté consumez dans l'entretien & la
subsistance de la famille; & qu'est-ce qu'on entend par s'estre enrichy en cette matiere?

5° Si le Marchand peut prendre autant d'interest, qu'il espere-
oit gagner de cét argent qu'il preste?

Resolution.

Sur le vingtiéme Cas: Que quand un Gentilhomme, ou autre
personne qui n'est pas en estat & commodité de faire valoir dans le
negoce son argent, le preste à condition qu'on luy en payera l'interest annuellement au denier de l'ordonnance pour les contracts
de constitution, ce Gentilhomme ou cette autre personne peche
du peché d'usure condamné par les loix divines & humaines.

Qu'il en est de même de celuy qui preste son argent pour un an,
à condition que l'an passé si on ne luy rend cette somme, on luy en
payera l'interest au denier de l'ordonnance: & qui pour cette premiere année retient autant du sort principal qu'il produiroit d'in-
erest, si on avoit acquis une rente par un contract de constitution.

Comme aussy de celuy qui ayant retenu ce que cette somme produiroit pour la premiere année s'il y avoit eu contract de constitution, cette année finie fairoit assigner celuy auquel il l'auroit
prestée pour avoir les interests du jour de l'exploit, soit que cela se
fist de concert entre les parties, ou bien que celuy qui a presté ne
fust pas en volonté de retirer son principal mais seulement d'en
avoir les interests, lesquels ne sont adjugez par l'authorité du Iuge,
que pour punir celuy qui ayant emprunté avec promesse de rendre
à volonté, ne paye pas comme il s'y est obligé, quand on luy demande sincerement. *In pœnam dilatæ solutionis.*

2° Que 'ny les veuves, ny les pupilles, ny les communautez
ecclesiastiques & laïques, ne peuvẽt legitimemens, & sans usure tirer

de l'interest de l'argent qu'ils ont dans les prests. Le 1. Concile de Milan en parle ainsy, *Il n'est[a] pas permis de stipuler aucun interest des prests ny des deposts, non pas mesme de ceux qui se font entre les mains des Iuifs, ny partant de prester dans la veuë d'en tirer profit, quand ce seroit l'argent des pupilles, des veufves, des communnautez, ou d'autres lieux de pieté.* L'Assemblée de Melun de 1579. c'est à dire quatorze ans apres ce Concile, dit la même chose. *On[b] donnera ordre, qu'aucun ne tire interest des prests ou depost, non pas même de ceux qui se font entre les mains des Iuifs ; & que personne ne preste dans l'esperance de recevoir quelque chose par dessus son capital, encore que l'argent qu'il preste appartienne à des pupilles, & à des vefves. Tou[s] les Chrestiens estans obligez d'obeïr à cette parole de I. C.* PRESTEZ SAN[S] ESPERANCE DE PROFIT. Le Concile de Bourdeaux prononcela mê[me] chose. *Encore[c] bien*, dit-il, *que l'argent appartienne à des pupilles, à des veufues ou à des lieux de pieté*, & il rend la méme raison, *parce qu[e] le[d] prest selon l'Evangile doit estre gratuit.* Le ch. super eo. de Vsuris *Le[e] crime d'usure estant deffendu dans l'un & dans l'autre testament nous ne voyons pas qu'il nous soit permis de dispenser sur cette matiere car s'il n'est jamais licite de mentir, non pas même pour conserver la vi[e] du prochain, comment pourrons nous permettre aux Fidelles de s'engager dans le crime d'usure, sous pretexte du rachat des Captifs ?*

a Ex mutuo vel depositis etiam apud Iudæū factis, nihil præter fortem, à quovis homine percipi ex cōvento, vel principaliter sperari possit; tametsi pecuniæ ipsæ, sint pupillorum, aut viduarum, aut locorum piorum, &c.

b Curandum ne quid ex mutuo vel depositis etiam apud Iudæum factis, aliquid præter fortem, à quovis homine percipi ex convento, vel principaliter sperari possit : tametsi pecuniæ sint pupillorum, aut viduarum. Omnes enim audire tenentur illud Christi : *mutuum date nihil inde sperantes.*

c Etsi pecuniæ ipsæ sint pupillorum, aut viduarum, aut locorum piorum.

d Mutuum enim ex præcepto divino debet esse gratuitum.

e Cum usurarum crimen utriusque testamenti pagina detestetur, super hoc dispensationem aliqua[m] posse fieri non videmus : quia cum scriptura sacra prohibeat pro alterius vita mentiri ; multo magis prohibendus est quis, ne etiam pro redimendâ vitâ captivi, usurarum crimine involuatur.

3° Que tous les Theologiens conviennent, que pour pouvoi[r] prendre interest du prest, à cause du lucre cessant, trois condition[s] sont necessaires.

La premiere, que l'argent qu'on preste soit un argent qui fus[t] exposé au negoce, *ut talis pecunia quæ mutuo datur, sit negotiationi exposita*, dit le Cardinal Tolet de l'instruction des Prestres l. 5. c. 33. Car[f] *lors qu'un homme n'a point son argent dans le negoce, s'il vient à le prester, on ne peut pas dire qu'il a manqué d[e] gaigner, de sorte que s'il en tire ou stipule l'interest, il commet le crim[e] d'usure.*

La deuxiéme condition est, que celuy qui preste n'ait poin[t] d'argent qu'il puisse prester, autre que l'argent qui est dans so[n] negoce. *Il[g] faut*, dit le mesme Autheur, *que le Marchand qu[i] preste l'argent qu'il avoit dans le negoce n'en ait point d'autre dans se[s] coffres ou ailleurs, qui n'y fût pas employé : car lors qu'il se rencontr[e] qu'un marchand a de l'argent qu'il peut prester autre que celuy qu[i] est dans son negoce, on ne peut pas dire veritablement que le prest qu'i[l]*

f Cum enim non erat, quis aliàs negotiaturus tali pecuniâ, non dicitur ei lucrū cessare : Vnde si talis in mutuo aliquid accipit & paciscatur, ultra fortem, usura est.

g Vt qui mutuat non habeat aliam pecuniam extra

fait l'empesche de gagner, puis qu'il luy reste tousjours en main, autant d'argent qu'il en peut employer au trafic.

tuare : Cum enim alias habet mercator pecunias, negotiationi expositas, alias etiam habet non expositas, non potest mutuare cum pacto lucri cessantis absque usura ; nam tunc dicitur lucrum cessare ex mutuo, cum non habet mercator alias pecunias, quas absque detrimento possit negotiationi exponere.

Et la troisiéme condition est, que le lucre non seulement soit possible, mais qu'il soit probable, *ut lucrum sit probabile*, ajoûte ce Cardinal. *Car*[h] *ce n'est pas assez de dire, je pouvois tirer du profit de mon argent, si je l'eusse laissé dans le negoce, il faut de plus qu'il y ait des apparences & des raisons tres-probables du gain qu'on y devoit faire.* Navarre donne cét exemple du lucre cessant en son Manuel ch. 17. n. 22. *Ie suis*[i] *marchand, j'ay de l'argent, que j'ay resolu d'employer en marchandise. Vous ne me le rendez pas dans le temps, je ne puis faire mes fournitures, vous m'empeschez de gagner, donc l'interest que je prend de vous pour ce retardement, est proprement la restitution du gain, que j'ay manqué de faire.*

bus merces emere statui, ut negotier, eas tibi mutuo, & die præfixo non restituis, lucrum cessare cesso, est meum interesse lucri cessantis.

D'où il s'ensuit, que selon l'avis de tous les Theologiens le lucre cessant n'est point separé du dommage emergent probable, quoy qu'il soit separé du dommage actuel. S. Thomas en la 2. 2. q. 63. a. 4. distingue ces deux sortes de dommage, & il dit qu'on est obligé à restitution de l'un & de l'autre, chacun en sa maniere. *Vn*[k] *homme reçoit dommage en deux façons,* 1° *lors qu'on luy oste ce qu'il possedoit actuellement, & ce dommage se doit restituer selon l'égalité, tant pour tant. Par exemple on a renversé ma maison, il faut qu'on me rende autant qu'elle valoit.* En second lieu on cause dommage en empeschant qu'un homme n'arrive à la possession de ce qu'il estoit en voye de gagner : or ce dommage ne se recompense pas selon l'égalité ; c'est à dire que je ne suis pas obligé de donner à celuy qui pouvoit faire un gain que j'ay empéché, tout ce qu'il pouvoit gagner, d'autant que pouvoir avoir un bien n'est pas la mesme chose que de l'avoir en effet, & l'esperance d'un gain quoy que tres-probable, est sans doute un moindre bien que la possession de la chose qu'on esperoit : & partant il n'est pas juste que je donne actuellement à celuy que j'ay empesché de gagner, la chose qu'il esperoit, car ce seroit luy donner plus que je ne luy ay osté, à quoy la loy de la restitution n'oblige pas necessairement, puis qu'il suffit de rendre autant qu'on a fait souffrir de dommage. Ie suis neantmoins obligé de le recompenser en quel-

viâ habendi ; & tale damnum non oportet recompensare ex æquo : quia minus est aliquid habere in virtute, quam habere actu : qui autem est in viâ adipiscendi aliquid, habet illud solum secundum virtutem vel potestatem : & ideo si redderetur ei ut haberet hoc in actu, restitueretur ei quod est ablatum non simplum, sed multiplicatum, quod non est de necessitate restitutionis, ut dictum est. Tenetur tamen aliquam recompensationem facere secundum conditionem personarum & negotiorum.

Marginal notes:

eam, quam habet ad negotiationem, ex qua possit mu-
[...] on expositas, non [...] mutuo, cum non

[h] Nec enim sufficit posse esse lucrum, ut dicatur lucrũ, sed oportet probabiles esse rationes, & conjecturas ipsum futurũ esse, si fiat negotiatio.

[i] Sum mercator, habeo pecunias, qui-[...] quod ob id fa-

[k] Aliquis damnificatur dupliciter : uno modo, quia aufertur, ei id quod actu habebat, & tale damnum est semper restituendum secundum recompensationem æqualis. Puta si aliquis damnificet aliquem diruens domũ ejus, tenetur, ad tantum quantum valet damnum. Aliomodo si damnificet aliquem impediendo ne adipiscatur, quod erat in

que sorte, à égard à la condition des personnes, & à la nature de la chose. [l] Il avoit dit auparavant, *qu'un homme souffre dommage, selon Aristote au livre 5. de ses Morales, lors qu'il a moins qu'il ne doit avoir.*

4° Que quoy que l'usure soit reprouvée par le droit divin, neantmoins la bonne foy à lieu en cette sorte d'espece d'usure, pour ne pas obliger à restitution ceux qui ont perceus & consumez de bonne foy des interests usuraires sans s'en estre enrichis. Car la bonne foy (qui est un titre de posseder suivant le droit des gens, selon lequel la distribution & le partage des biens se fait) décharge de la restitution des choses consumées, comme S. Thomas l'enseigne en la 2.2. q. 100. a. 6. ad 3. ou parlant de celuy qui a joüy du revenu d'un benefice duquel il a esté pourveu par symonie sans son consentement & sans sa connoissance, il dit, *que celuy-là* [m] *est obligé de se demettre de ce benefice, & d'en restituer les fruits qui se trouvent en nature, mais non pas ceux qu'il a consumez.* Il en apporte cette raison, *parce qu'il les a possedez de bonne foy*, enseignant par la qu'on n'est point obligé à la restitution des fruicts consumez de bonne foy.

La glose sur le mot *fructus*, du ch. *gravis*, *de rest. spoliat.* *Celuy qui* [n] *possede de bonne foy n'est obligé de restituer que les fruicts qui estoient en nature au jour qu'on luy a intenté procez, mais il doit rendre tous ceux qu'il a perceus depuis ce jour là.*

La loy *bona fides*, *de regul. juris.* *la bonne foy* [o] *donne autant de droit sur les fruicts qu'un titre legitime, s'il n'y a point de loy au contraire.* Et au livre 2. des Instit. titre 1. §. 35. *Si* [p] *un homme a achetté un fonds d'un autre, dont il le croyoit de bonne foy legitime possesseur, ou qu'il le tienne de luy par donnation ou par autre juste tiltre, il nous a plû suivant en cela la lumiere de la raison, que les fruicts qu'il en a tirez luy demeurent, comme pour le soin qu'il a pris de le cultiver; & partant si celuy auquel il appartient vient à demander ce fond il ne pourra luy intenter action pour les fruicts consumez.*

[p] Si quis à non Domino quem dominum esse crediderit bonâ fide fundum emerit, vel ex donatione aliâ ve quâlibet justâ causâ atque bonâ fide acceperit: naturali ratione placuit fructus quos percepit ejus esse pro cultura & cura; & ideo si postea Dominus supervenerit & fundum vindicet, de fructibus ab eo consumptis agere non potest.

La loy, *Quis sit*, ff. *de Vsuris.* *Celuy* [q] *qui possede de bonne foy a le mesme droit sur les fruits de la chose qu'auroit celuy auquel le fonds appartient veritablement.* Et la loy. *Certum.* *de rei vindicatione*, au cod. *Il est certain que* [r] *ceux qui possedent de mauvaise foy sont tenus de restituer tous les fruits, au lieu que celuy qui est possesseur de bonne foy ne doit que ceux qui se trouvent en nature lors qu'on vient à le troubler; mais il doit restituer tous ceux qu'il aura perceus depuis le procez commencé.*

omnes fructus solere cū ipsa re præstare: bonæ fidei vero, extātes; post litis autem contestationem, universos.

5 Qu'on

---

[l] Damnum dicitur ex eo quod aliquis minus habet quam debet habere secundum philosophum in V. Ethic.

[m] Tenetur resignare beneficiū, quod est consequutus, cum fructibus extantibus, non autem tenetur restituere fructus consumptos, quia bonâ fide possedit.

[n] Bonæ fidei possessor tenetur restituere fructus tātum extantes ante litis contestationem, & non consumptos; post litem vero contestatā universos.

[o] Bona fides tantumdem, possidēti præstat quantum veritas, quotiés lex impedimento non est.

[q] Bonæ fidei possessor in percipiendis fructibus id juris habet, quod Domino prædiorū tributum est.

[r] Certum est male fidei possessores omnes fructus solere cū ipsa re præstare: bonæ fidei vero, extātes; post litis autem contestationem, universos.

5° Qu'on appelle bonne foy en cette matiere, quand un homme a receu les interefts & qu'il les a confommez croyant certaine-ment qu'ils luy appartenoient, & n'ayant eu aucun doute du con-traire. Car quoy que le fimple doute ne le rende pas poffeffeur de mauvaife foy, il fait neanmoins qu'il n'eft pas de bonne foy ; & il y a un milieu entre eftre de bonne foy, & eftre de mauvaife foy : c'eft à fçavoir, n'eftre pas de bonne foy, d'où vient que la glofe fur la loy *3. de aquir. vel amitt. poff.* §. *22.* Sur ces paroles, *ut poffideatur, aut bona fide, aut non bona fide :* dit, *non bona fide plus portat quam fi diceret malà : nam etiam dubitantem, fit fua vel aliena res, continet qui nec bonam, nec malam fidem habet.*

6° Que par ces paroles s'ESTRE ENRICHY, l'on entend en cette ma-tiere avoir augmanté fon bien, foit de celuy des ufures immediate-ment, foit en acquittant fes debtes de ces ufures, ou bien en con-fommant les revenus ufuraires pour la dépenfe courante & au-gmentant fon bien de fes revenus legitimes. *Il[a] eft du droit naturel, que nul ne s'enrichiffe du dommage qu'il caufe à un autre. l. 206. de diverf. Reg. Iur.*

Et enfin, fur la derniere demande qui regarde les interefts que le marchand peut prendre en confequence du preft qu'il fait de l'ar-gent qui eftoit dans fon commerce ; les Docteurs font d'avis qu'il ne peut pas prendre autant d'interefts qu'il auroit de gain de cét ar-gent dans fon negoce, mais qu'il en faut deduire ce qui répond à la dépenfe, à fes peines, & au rifque : & c'eft ce qui a efté fuppofé cy-deffus en rapportant les paroles de S. Thomas.

VINGT-UNIE'ME CAS.

On demande fi on peut abfoudre.

1° Tous ceux qui font dans l'ignorance des principaux myfteres «
de noftre foy, & que l'on reconnoift que cette ignorance eft un «
effet de leur negligence & manque d'affection pour ce qui regarde «
leur falut : ou que ce font des perfonnes fi groffieres, que l'on ne «
peut pas les inftruire fur le champ.   «

2° Ceux qui ont pris ou retiennent injuftement le bien d'autruy, «
& ne le veulent pas reftituer felon leur pouvoir, en tout ou en par- «
tie ; ou qui ayant fait quelque tort au prochain en fon honneur, re- «
fufent de le reparer.   «

3° Ceux qui ont quelque inimitié, & ne veulent pas fe reconci- «
lier avec leurs ennemis.   «

4° Ceux qui font dans l'occafion prochaine de quelque peché, «
par exemple d'impureté, ayant chez eux ou en leur difpofition la «
perfonne avec laquelle ils ont eu un commerce criminel, & ne la «
veulent pas congedier : ou bien quand ils fe trouvent dans une con- «
dition dangereufe pour eux, dans laquelle eu égard à leurs difpofi- «
tions, & à l'experience qu'on a de leur vie paffée, il leur eft mora- «

E

a Iure natu-ræ æquum eft neminem cum alterius detri-mento & in-juriâ fieri lo-cupletiorem

,, lement impoſſible de s'empeſcher d'offenſer Dieu mortellement; &
,, qu'ils ne la veulent pas quitter.

,,   5° Ceux qui ſont dans quelque habitude de peché mortel, & qui
,, ne s'en corrigent point, & ne donnent aucune marque de leur ve-
,, ritable amandement.

RESOLUTION.

Sur la premiere demande du vingt-vniéme Cas : Qu'il faut ſuivre les inſtructions de S. Charles dans les actes de l'Egliſe de Milan, pag. 4. *Et[b] d'autant que tout Chreſtien qui à l'uſage de raiſon eſt obligé ſous peine de peché mortel de ſçavoir au moins quand à la ſubſtance, tous les articles du Symbole des Apoſtres, les commandemens de Dieu & de la ſainte Egliſe qui obligent ſous peine de peché mortel, & qui s'enſeignent ordinairement dans les écoles de la doctrine chreſtienne; il s'enſuit que le Confeſſeur trouvant que ſon Penitent ne ſçait pas ces choſes, il ne le doit point abſoudre s'il ne luy promet de les apprendre au pluſtoſt. Et quand même il témoigneroit vouloir s'en inſtruire, ſi ayant desja eſté averty de cette obligation par ſon confeſſeur ou par ſa propre conſcience (de quoy le confeſſeur doit avoir ſoin de l'interroger) il n'a-voit pas fait neantmoins la diligence qu'il auroit deû, pour s'en faire inſtruire ſelon la portée de ſon eſprit, il doit encore differer de l'abſoudre juſqu'à ce qu'il ait ſatisfait en quelque maniere à ce devoir : mais s'il n'en a jamais eſté adverty, le confeſſeur pourra luy accorder la grace de l'abſolution aprés luy avoir donné les inſtructions de toutes les choſes que nous avons dites, qu'il luy ſeront neceſſaires pour le rendre capable de la recevoir, ce que le confeſſeur doit tousjours obſerver.*

[b] Quoniam autem Chriſtianus omnis ſi adultus eſt, ſub pœnâ peccati mortalis ſcire debet articulos omnes ſymboli Apoſtolorum, ſaltem quoad ſubſtantiam : inſuper & præcepta Dei ſanctæque matris Eccleſiæ univerſa, quæ ſub mortali obligant, & docentur communiter in ſcolis doctrinæ Chriſtianæ: ſi confeſſarius pœnitentem reperiat iſtorum omnium ignarum ; non abſolvat, quin primo quoque tempore iis addiſcendis operam daturum ſe promittat. Quamquam ſi aut à confeſſario ſuo eodem, vel diverſo, vel ſuâ ipſe privatim conſcientiâ jam alias monitus, quod diligentiſſimè exquiretur, eam adhibere negligentiam neglexerit quæ pro illius ingenij captu ad ea diſcenda ſufficiens ſit ; non priùs abſolvatur, quam huic obligationi aliquâ ſaltem ex parte fecerit ſatis ; ſi vero eâ de re nuſquam antea monitus fuerit, poterit tum ei gratiam abſolutionis impertiri, eâ tamen præmiſſâ ſemper inſtructione quam pœnitenti ſufficere cenſuerit, ut tanto beneficio non ſit indignus.

Sur la ſeconde demande : Que ceux qui ont pris ou retiennent in-juſtement le bien d'autruy, & ne le veulent pas reſtituer : ou qui ayant fait quelque tort au prochain en ſon honneur, refuſent de le reparer, ne ſont pas dans la diſpoſition neceſſaire pour recevoir l'ab-ſolution ; car ils n'ont pas la haine de leur vie paſſée, la deteſtation qu'ils doivent avoir de leurs crimes, & un ferme propos de ne plus pecher ; au contraire ils ſont dans une volonté injuſte, & préjudi-ciable à leur frere.

Sur la troiſiéme : Que ceux qui ont quelque inimitié & ne veu-lent pas ſe reconcilier, ne ſont pas dignes d'eſtre abſous par la même raiſon.

Sur la quatriéme : Qu'il faut agir ſelon les regles de S. Charles, au lieu cité touchant l'occaſion prochaine du peché, où ce ſaint parlant des confesseurs dit, *Ils [c] seront encore avertis qu'ils ne peuvent legitimement accorder la grace de l'absolution à ceux qui ne sont pas entierement resolus de fuïr toutes les occasions du peché mortel.* Et [d] aprés avoir defini l'occasion prochaine du peché, en ces termes, *on appelle occasions du peché toutes les choses qui peuvent causer le peché, ou parce qu'elles portent d'elle même à pecher, ou parce que le penitent qui s'y trouve engagé, est tellement accoustumé de pecher, que le confesseur doit raisonnablement juger qu'à raison de sa mauvaise habitude il ne s'abstiendra jamais de pecher tant qu'il demeurera dans ces mêmes occasions.* Et par consequent il distingue deux sortes d'occasions prochaines. *Celles [e] qui de leur nature portent tousjours, ou presque tousjours au peché :* dont il rapporte plusieurs exemples, & entre autres celuy-cy. *Avoir [f] dans sa maison la personne avec laquelle on offense Dieu, soit qu'elle l'ait ainsi desiré, ou qu'on demeure avec elle, de quelque maniere que cela soit arrivé, & perseverer dans des entretiens, regards, conversations, & autres pratiques qui portent à l'impureté.* Il conclud ; *le [g] Penitent donc estant engagé en une de ces occasions ou autres semblables, si tant est que cette occasion soit presente ; comme par exemple s'il a dans sa maison la personne avec laquelle il peche, le confesseur ne luy doit point donner l'absolution qu'il n'ait quitté effectivement cette occasion. Et quand aux autres occasions, comme des jeux, des regards, des conversations, des gestes, ou pratiques qui tendent à l'impureté, le confesseur n'accordera point la grace de l'absolution à celuy qui s'y sera engagé qu'il ne promette sincerement de s'en abstenir, que s'il l'avoit promis autrefois, & qu'il ne s'en fust pas neantmoins corrigé : il doit alors quelque promesse qu'il en fasse, luy differer l'absolution jusqu'à ce qu'il voye de l'amandement.*

[c] Sciant denique se non posse iis impendere beneficium absolutionis, qui peccati mortalis occasionem omnem fugere serio nondum proposuerint.

[d] Quidquid illius causa esse potest: sive ad id inducat per se, aut etiam per accidens ex consuetudine pœnitentis, quem habitâ ratione contractæ vitæ prudenter judicat confessarius ad peccatum reversurum, quandiu in eâdem occasione versabitur.

[e] Quæ ex se naturâque suâ semper, aut ferè semper ad peccatum inducunt.

[f] Cum eo, aut cum ea habitare qui cum soleas Deum offendere ; sive id ipsa expetierit ; sive aliam, quamlibet ob causam, perseverare in eadem conversatione, colloquiis, aspectibus, similibusque aliis incentivis libidinis.

[g] Quare si pœnitens in harum omnium aliquâ præsentè versetur, puta retinet eam apud se personam, quâ solet abuti ad peccatum, non debet confessarius prius absolutionem impertiri, quam ab eâ re ipsâ & de facto sese separaverit. Quod autem ad alias spectat, ut aleam, conversationem, mutuos aspectus, nutus impudicos, aliâque libidinis incentivis, ad absolutionem percipiendam sufficit, si ab iis imposterum, abstinere se, verè sincerèque promittat. Nisi tamen si quis datis jam alias iisdem promissis ea fugere neglexerit, quo in casu differendam absolutionem censemus, donec aliqua ejus emendatio appareat.

Et comme il y a des rencontres dans lesquelles le confesseur ne peut refuser l'absolution au penitent sans un grand peril & scandale : ce saint Prelat a voulu donner de certaines regles au confesseur, c'est à sçavoir.

En premier lieu : Il [h] differera de luy donner l'absolution jusqu'à ce qu'il voye des preuves certaines d'un veritable amandement. Et s'il ne peut pas differer de l'absoudre sans le mettre en danger d'infamie, & que d'ailleurs il découvre en luy de si grandes marques de sa disposition & de son affection à recevoir les remedes qu'il jugera necessaires pour son amandement, il luy prescrira ceux qui luy paroistront les plus propres

[h] Primo differet illius absolutionem donec certa & indubitata præbeat signa animi in melius commu-

& les plus efficaces, comme par exemple, de ne se trouver jamais seul avec cette personne, de s'appliquer à la priere, de pratiquer aussy quelques mortifications de la chair, & sur tout de rendre souvent compte de son estat à son confesseur, lesquelles s'il accepte, le confesseur le pourra absoudre. Mais si après avoir fait cette diligence, ou qu'un autre confesseur en ait usé ainsy avant luy, le Penitent ne s'est point corrigé, il ne luy doit point donner l'absolution qu'il ne se soit effectivement separé de l'occasion ; si ce n'est que nous ayant consulté en telle occasion sans neantmoins découvrir la personne, nous ayons esté d'autre avis.

tati ; si vero absolutionem differre non possit quin pœnitentem exponat gravi infamiæ periculo : tum si contritú certis quibusdam notis videat, aut ita mentè affectum ut ad omnia remedia paratus sit, quæ ad illius emendationem necessaria judicaverit prudens sacerdos ; tunc aptiora præscribet, & utiliora : Puta, ut solus cum solâ nunquam conveniat : imponet & preces, & corporis macerationem aliquam & in primis frequentem confessionis usum, similiaque exercitia ; quæ si in se recipiat, tum debebit eum confessarius absolvere. Si vero servatâ diligenter hac disciplinâ aut à se aut ab alio quolibet sacerdote qui ejusdem antea confessiones exceperit, nihiloserius corrigatur ; absolutionem non antè impertietur, quàm occasionem hanc omnem penitus resciderit, aut consultis nobis (quod facere debet supresso semper nomine pœnitentis,) deprehenderit nos aliam tenere sententiam.

Ce saint Prelat parle ensuitte de la seconde espece des occasions prochaines ; qui sont celles qui [1] ne portent pas par elles mêmes au peché, mais seulement à raison de la disposition & des mauvaises habitudes de ceux qui y sont exposez : côme sont certaines choses qui quoy que licites en elles mêmes, sont telles neantmoins, qu'on peut juger avec raison que le penitent qui en use retombera dans les mêmes pechez qu'il a déja commis à leur occasion, s'il persevere dans leur usage. Telles sont ordinairement à plusieurs par la corruption du siecle, la guerre, le trafic, les Magistratures, la profession d'Avocat, & d'autres semblables exercices, dans lesquels celuy qui est habitué à pecher, souvent par blasphemes, larcins, injustices, calomnies, haines, fraudes, parjures, &c. scait que continuant ces mêmes exercices il se rencontrera dans les mêmes occasions, & n'ayant pas sujet de croire qu'il ait à l'avenir plus de force pour resister au peché que par le passé ; il doit raisonnablement presumer qu'il retombera dans les mêmes pechez. C'est pourquoy ces personnes doivent selon l'avis de S. Augustin, ou abandonner cét exercice qui leur est dangereux, ou pour le moins ne l'exercer qu'avec la permission, & de l'avis d'un Directeur vertueux & intelligent, lequel ne doit point absoudre une personne qui est en cét estat, s'il juge probablement qu'il retombera dans les mêmes pechez demeurant dans les mêmes occasions, mais il doit prendre un temps suffisant pour éprouver si son Penitent veut travailler sincerement à son amendement.

i Quæ non inducunt homines per se, ad peccatum, sed per accidens tantum habitâ ratione personarú: tales sunt quædam res, licitæ quidem ex se, in quibus tamen si diutius aliquis perseveraverit verisimile sit, ad eadem quæ commisit peccata rediturum. Talia plerisque sunt hodie seculi nostri vitio, bellum, mercatura, Magistratus, Advocati, Procuratorisque professio, & similia exercitia, in quibus qui sæpius mortaliter peccaverit, blasphemiis, furtis, calumniis, odiis, fraudibus, perjuriis, cum noverit in eodem se versari discrimine, si perseverat, nec ulla ratio suadeat adversus peccatum firmiorem fore quam antea, præsumere debet ad eadem crimina sese reversurum : quare, qui sic affecti sunt, aut professioni suæ renunciare tenentur, ut sentit divus Augustinus, aut eam certè exercere cum consilio pij cujusdam prudentisque sacerdotis, qui cum non absolvat, cum probabiliter videt ad eadem peccata rediturum si iisdem in occasionibus permaneat, sed certum constituat tempus ut experiatur num verè correctioni studeat.

Sur la cinquiéme demande : Qu'il faut aussy differer l'absolution à ceux qui font dans l'habitude de quelque peché mortel, qui ne s'en corrigent pas, & qui ne donnent aucune marque de leur veritable amendement fuivant la regle de ce même faint au lieu allegué. *On doit* k *auffy differer l'abfolution jufqu'à ce qu'on voye quelque forte de changement, à ceux dont les confeffeurs jugeront probablement que quoy qu'ils difent & promettent de quitter le peché, ils ne le quitteront pas neantmoins ; comme font certaines perfonnes & particulierement les jeunes gens, oififs, qui font ordinairement dans les jeux & dans les feftins, & tres fouvent engagez en des amitiez charnelles, & dans des pechez d'impureté, dans des blafphemes, paroles deshonneftes, haines, & médifances ; & qui ne fe prefentent à leurs Pafteurs qu'une fois en un an vers la fin du Carefme. On doit auffy refufer l'abfolution generalement à tous ceux qui ont perfeveré plufieurs années dans les mêmes pechez fans avoir jamais fait aucun effort confiderable pour fe corriger.*

k Differendam effe abfolutionem donec aliqua correctio appareat iis pœnitentibu quos verifimile eft ad eadẽ peccata redituros, quidquid contra affirment, cujus modi funt præfertim juvenes, otio ut plurimum dediti, qui majorem vitæ fuæ partem infumunt in ludis, comeffationibus, ebrietatibus, impudiciis, blafphemis ; detractores, turpi loquio addicti, innumerifque id genus vitiis qui femel tantum quot annis fub finem quadragefimæ fefe facerdoti fiftunt ad confeffionem ; ficut & univerfim omnes, qui per plures annos in iifdem peccatis perfeverant abjecto omni correctionis ftudio.

VINGT-DEUXIE'ME CAS.

On demande que doit faire un Curé ou un Confeffeur, lors que «
pour fe rendre fidelle à fon miniftere, & garder les regles de l'E- «
glife, comme il en eft perfuadé, dans l'adminiftration du Sacrement «
de penitence, il a refufé à fon penitent l'abfolution, & que le peni- «
tent ne voulant pas executer ce que fon Confeffeur luy aura con «
feillé pour fe mettre en difpofition de recevoir les Sacremens vtile- «
ment ; ou parce qu'il ne veut pas fe faire violence pour quitter le «
peché ou l'occafion du peché ; ou parce que la cupidité luy perfua- «
de que quelques nouveaux Cafuiftes font plus habiles que fon Con- «
feffeur, & qu'il a tort de faire de la difficulté où ils n'en font point, «
il fe prefente à luy avec un Notaire & deux témoins, pour le fom- «
mer de luy dire & declarer, s'il n'eft pas vray qu'il luy a refufé l'ab- «
folution, & le requerir de luy dire les caufes de ce refus. «

RESOLUTION.

Sur le vingt-deuxiéme Cas : Que quand le Curé ou confeffeur qui a refufé l'abfolution à une perfonne, eftimant la luy devoir refufer pour s'acquitter felon Dieu de fon miniftere, fi cette perfonne fe prefente à luy avec un Notaire & deux témoins pour le fommer de declarer s'il n'eft pas vray qu'il luy a refufé l'abfolution, & le requerir de la luy donner, & de dire les caufes pour lefquelles il la luy a refufée : ce Curé ou ce confeffeur ne doit rien repondre à cette fommation, mais demeurer dans un profond filence.

VINGT TROISIE'ME CAS.

Qu'eft ce que ce Confeffeur doit faire en fuitte, fi ce penitent le «
fait affigner en Iuftice ecclefiaftique, ou feculiere, pour rendre «

» compte de ce qui s'eſt paſſé au Confeſſionnal, luy permettant de
» réveler ſa confeſſion, & quelle eſt la conduite qu'il doit garder en
» ce rencontre ?

RESOLUTION.

Sur le vingt-troiſiéme Cas : Que quand un confeſſeur eſt aſſigné
en Iuſtice ſeculiere ou Eccleſiaſtique, à la requeſte d'une perſonne
qui ſe plaint de ce qu'il luy a refuſé l'abſolution, pour rendre conté
de ce qui s'eſt paſſé entr'eux deux au Confeſſionnal : Si l'aſſignation
eſt devant un Iuge ſeculier, il doit en donner avis à l'Eveſque &
prendre ſes ordres pour y comparoir, ou n'y pas comparoir. Si l'aſſignation eſt devant le Iuge Eccleſiaſtique, il doit y comparoir pour
la reverence de la Iuſtice Eccleſiaſtique & declarer que quand il
eſt dans le Confeſſionnal pour y entendre ceux qui ſe preſentent au
Sacrement de Penitence, il fait ſon devoir en conſcience ſelon ſes
lumieres, dont il ne doit & ne peut rendre compte qu'à Dieu ſeul ;
aprés laquelle declaration il demandera à eſtre dechargé de l'aſſignation & renvoyé hors de Cour & de procez : & quoy que la
partie luy permette de reveler ſa confeſſion, il ne peut neantmoins
ſe ſervir de cette permiſſion pour faire connoiſtre en Iuſtice la droi-
ture de ſa conduite : car le confeſſeur ne peut ſe ſervir de cette permiſſion au préjudice du Sacrement : ce qu'il feroit en cette rencontre en ſoûmettant ſa conduite au jugement des hommes ; d'où
il arriveroit un autre tres-grand mal, qui ſeroit que le confeſſeur
n'auroit pas toute la liberté pour s'acquiter de ſon devoir, la crainte
d'eſtre appellé en Iuſtice luy ſeroit une occaſion d'abuſer de la
puiſſance des clefs en donnant l'abſolution à un indigne, ou en n'im-
poſant pas des ſatisfactions ſalutaires & convenables, comme le
Concile de Trente l'a ordonné au ch. 8. de la Seſſ. 14. *Les Preſtres
du[1] Seigneur doivent impoſer aux pecheurs des ſatisfactions ſalutaires,
& proportionnées à la qualité de leurs crimes, de peur que s'ils viennent
à conniver avec leurs Penitens, & qu'ils les traitent avec trop d'in-
dulgence ne leur enjoignant que de legeres peines pour des pechez tres-
griefs, ils ne ſe rendent participans des crimes d'autruy.*

[1] Debent er-go ſacerdotes Domini, quá-tum ſpiritus & prudentia ſuggeſſerit pio qualitate criminum & pœnitentis fa-cultate, ſalutares & convenientes ſatisfactiones injungere : ne ſi fortè peccatis conniveant, & indulgen-tias cum pœnitentibus agant, leviſſima quædam opera pro graviſſimis delictis injungendo, alienorum pec-catorum participes efficiantur.

VINGT-QUATRIÉME CAS.

» François demeurant depuis pluſieurs années en un eſtat de peché,
» & ne voulant point en ſortir; c'eſt par exemple un homme qui preſte
» à uſure, qui eſt un blaſphemateur, &c. & ne voulant point reparer
» le mal par luy fait, ſon Curé luy refuſe l'abſolution ; mais au lieu de
» ſe mettre en eſtat de la recevoir, il ſe contente pendant quelques
» années de faire vers Paſques trois ſommations à ſon Curé, avec un
» Notaire & des témoins, à ce qu'il ait à l'abſoudre.

Ce Curé embarrassé de ces actes de Notaires, ausquels il ne sça- »
voit que répondre, ayant peur de faire rien contre son devoir & «
de se méprendre : enfin quelque temps apres Pasques poussé de «
zele pour l'injure faite à Dieu & à l'Eglise par ce Gentil-homme, il «
l'interdit de l'entrée de l'Eglise en vertu du Canon *Omnis utriusque* «
sexus, qu'il avoit publié deux ou trois fois pendant le Caresme, se- «
lon l'ordre du Diocese. «

François porte ses plaintes à l'Evesque de cette declaration d'in- «
terdit, lequel ayant oüy les parties jugea que cét interdit avoit esté «
declaré contre les formes, & renvoya François à deux Curez voisins «
qu'il aggréa, pour se confesser auquel des deux il voudroit & satis- «
faire à son devoir Paschal dans la quinzaine, à peine de l'interdit «
porté par ledit Canon du Concile de Latran, qu'il encoureroit sans «
autre declaration. «

François s'estant presenté à l'un & à l'autre de ces deux Curez, il «
pretend qu'ils luy ont refusé l'absolution, dont il a pris acte à son «
ordinaire devant un Notaire & deux témoins. Ces Curez ayans «
répondu à cét acte, qu'ils avoient fait leur devoir, il les fait assigner «
devant l'Official, pour se voir condamner à dire les causes pour les- «
quelles ils luy avoient refusé l'absolution, leur donnant liberté de «
ce faire, & de réveler sa confession. S'estans presentez à l'Official, «
ils dirent que mal à propos on les avoit assignez pour rendre compte «
de ce qu'ils avoient fait dans le tribunal de la penitence, qu'ils «
avoient agy comme ils avoient crû le devoir faire en conscience, & «
qu'ils n'en devoient rendre compte qu'à Dieu seul; representerent «
la mauvaise consequence de cette assignation dans un fait de cette «
nature, & demanderent d'en estre déchargez; François insistant au «
contraire, l'Official par Sentence le debouta des fins de sa Requeste, «
avec dépens. «

Il appella de cette Sentence à l'Official Metropolitain, & il y fit «
assigner non seulement ces deux Curez, mais aussi le Promoteur, «
parce qu'il avoit conclu contre luy; car il n'avoit autre part en toute «
cette affaire, & l'Official Metropolitain declara par Sentence con- «
tradictoire avoir esté mal jugé & ordonné par l'Official dont estoit «
appel, & bien appellé par l'appellant, & en la cause retenuë refor- «
mant 1° il jugea que François n'avoit pas encouru l'interdit porté «
par l'ordonnance de l'Evesque. «

2° Il luy permit de se presenter dans huitaine à tel Confesseur «
que bon luy sembleroit, de la Ville & Diocese Archiepiscopal, ap- «
prouvé par l'Archevesque ou ses Vicaires Generaux, pour se con- «
fesser à luy, & en prendre certificat comme il en a esté absous; & «
en suitte se presenter à son Curé, pour recevoir de luy le Sacrement «
de l'Eucharistie, luy enjoignant de la luy administrer à peine d'ex- «
communication. «

„ 3° Il condamna les deux Curez & le Promoteur aux épices, cha-
„ cun pour un tiers, taxez à vingt-quatre écus.
„ 1° Cette Sentence semble estre contre l'ordre de la Iustice, puis-
„ que supposé, que l'Official Ordinaire eust mal jugé, comme ce n'a-
„ voit esté qu'en deboutant François des fins de sa Requeste, qui n'é-
„ toient que de faire condamner les deux Curez à rendre compte de
„ ce qui s'estoit passé au Confessionnal, tout ce qui se pouvoit faire
„ en reformant, estoit de condamner ces deux Curez à réveler la con-
„ fession de François suivant son consentement, & à dire les causes du
„ refus qu'ils avoient fait de l'absoudre.
„ 2° Cette Sentence suppose que l'Archevesque est Pasteur des
„ Diocesains de ses suffragans, & qu'il leur peut donner des Confes-
„ seurs dans son propre Diocese *irrequisito*, & mesme *renitente proprio
„ Episcopo*, comme il est arrivé en cette rencontre, l'Evesque n'ayant
„ esté oüy, ny requis. Or c'est ce qui ne se peut soûtenir.
„ On demande donc.
„ 1° Si cette procedure est legitime & soûtenable ?
„ 2° Si cette matiere peut estre traitée en Iustice contentieuse, &
„ s'il y a eu lieu à l'appel ?
„ 3° Si cette Sentence de l'Official Metropolitain est juste ?
„ 4° A quoy François & l'Official Metropolitain sont obligez pour
„ ce fait, cette Sentence ayant causé de grands dépens ?

RESOLUTION.

Sur la premiere demande du vingt-quatriéme Cas : Que cette
procedure est illegitime & insoûtenable : 1° parce que François au
lieu de se presenter à son Curé pour se confesser de tous ses pechez
avec les dispositions necessaires, ainsy qu'il y est obligé par le Canon du Concile de Latran *Omnis utriusque sexus*, s'y presente sans
contrition & sans une haine veritable de son peché, & demeurant
dans la volonté de ce mauvais estat, il fait faire une sommation par
un Notaire accompagné de témoins à son Curé de l'absoudre ;
sommation qui est temeraire, scandaleuse, injurieuse, irreligieuse,
& contraire à l'institution du Sacrement de Penitence ; 2° En ce
que ayant esté renvoyé par l'Evesque à deux Curez voisins pour se
confesser à celuy des deux qu'il voudroit choisir, aprés s'estre presenté à l'un & à l'autre, il les a sommez par un Notaire en presence
de témoins de luy donner l'absolution qu'il a pretendu luy avoir esté
refusée par eux : Cette procedure estât de méme nature que la pre-
cedente. 3° En ce qu'il a fait assigner devant l'Official ces deux Curez pour raison de ce pretendu refus d'absolution, nul Iuge sur la
terre n'estât competant pour juger de ce qui s'est passé au fore interieur de la penitence entre le confesseur & celuy qui s'est confessé.
4° En ce qu'ayant esté demis des fins de sa Requeste par Sentence
de l'Official ordinaire, il en â appellé à l'Official Metropolitain, qui
n'estoit

s'eftoit pas plus competant que ce premier pour juger de cette ma-
iere. 5° En ce qu'il a fait affigner le Promoteur de l'Evefché, parce
qu'il avoit conclu contre luy en la caufe dont eftoit appel.

Le procedé du Curé de François qui l'a declaré interdit de l'en-
rée de l'Eglife eft auffy illegitime & infoûtenable , & il a efté
juftement improuvé, & le mal fait a efté avec raifon reparé par
l'Evefque.

Sur la deuxiéme demande : Que cette matiere n'a peu eftre traitée en Iuftice contentieufe : qu'il avoit efté bien jugé par l'Official, & qu'il n'y avoit point de lieu à l'appel.

Sur la troifiéme demande : Que la Sentence du Metropolitain
eft injufte en ce qu'elle a caffé celle dont eftoit appel à l'égard des
deux Curez qu'elle condamne conjointement avec le Promoteur à
payer les efpices, & en confequence permet à François de fe prefenter à tel confeffeur approuvé que bon luy femblera de la ville &
Diocefe Archiepifcopal à l'effet de fe confeffer à luy , prendre
Certificat comme il aura efté abfous, & en fuite fe prefenter à fon
Curé pour recevoir le Sacrement de l'Euchariftie, qui fera tenu de
la luy adminiftrer à peine d'excommunication. Cette Sentence eft
auffy contraire à l'inftitution du Sacrement de Penitence, car elle
foûmet le confeffeur à la Iuftice des hommes, pour ce qui regarde
le refus de l'abfolution.

Sur la quatriéme demande : Que cét Official Metropolitain eft
obligé de revoquer fa Sentence ou de la faire caffer par le Supe-
rieur ; que François eft auffy obligé de faire ce qu'il pourra pour la
faire revoquer ou caffer ; & que l'un & l'autre font tenus de tous les
depens, dommages & interefts defdits Curez & Promoteur.

Vingt-cinquiéme Cas.

Vn Evefque ayant inftruit fon clergé & fon peuple des régles «
qu'on doit garder en l'adminiftration du Sacrement de penitence «
ainfy qu'il a efté marqué cy-deffus ; & voyant que plufieurs de fes «
Diocefains pour éviter cette difcipline & ne fe pas foûmettre à «
ces regles, s'en alloient exprés fe confeffer à des reguliers, mefme «
mandians, ou autres Confeffeurs approuvez dans les autres Dioce- «
fes voifins, foit dans la quinzaine de Pafques, foit dans d'autres «
temps de l'année ; il fait un Statut Synodal par lequel il deffend à «
tous fes Diocefains de s'aller ainfy confeffer en quelque temps que «
ce foit, *dedita opera*, hors de fon Diocefe, à des Preftres feculiers «
ou reguliers non approuvez de luy, mettant par ce Statut en vi- «
gueur le chapitre *quamvis presbyteri*, (qui eft le 15. de la fceance 23. «
du Concile de Trente,) mefme il deffend aux Curez de fon Diocefe «
de confeffer les paroiffiens d'un autre Curé, fans la permiffion de ce «
Curé. *Nifi de licentià proprij facerdotis*, & declare les confeffions «
autrement faites, nulles & invalides.

F

» Plusieurs années apres ce Statut Synodal, dont il a tousjours tres-
» soigneusement recommandé l'observation, visitant un Chapitre sur
» lequel il a toute jurisdiction, & ayant appris que plusieurs des ha-
» bituez de ce Chapitre pour continuer avec plus de liberté dans une
» vie licentieuse & peu convenable à leur estat, continuoient de s'al-
» ler confesser hors le Diocese ; pour apporter quelque remede à ce
» mal, en renouvellant ledit Statut Synodal & l'Ordonnance du Con-
» cile il auroit fait deffenses à tous les habituez & intitulez de ce
» Chapitre sur peine de suspense ou d'interdit, de se confesser à autre
» qu'aux Confesseurs approuvez pour eux, si ce n'est qu'ayant sujet
» de s'aller confesser ailleurs, ils eussent pris licence de luy, ou de leur
» Curé, conformément au ch. *Omnis utriusque sexus*, du Concile de
» Latran.

» Surquoy on demande.

» 1° Si cét Evesque en a pû legitimement user ainsi ; & si effecti-
» vement les confessions faites hors le Diocese, *deditâ operâ*, malgré
» l'Evesque, mesme à des reguliers mandians qui sont approuvez
» dans le Diocese où ils confessent, sont nulles & invalides ?

» 2° Si on ne peut pas legitimement se confesser à un autre Curé
» que le sien sans son consentement, quoy que les reglemens du Dio-
» cese le deffendent ; & si en effet selon le Concile de Latran, on est
» obligé de se confesser à son propre Curé mesme hors le temps de
» Pasques ; & si ayant sujet de se confesser à un autre, pour le faire
» validement, il est necessaire de demander la licence à son Curé, *de*
» *licentiâ proprij sacerdotis* ?

» 3° Si le Chapitre *quamvis Presbyteri* du Concile de Trente,
» par lequel il est dit qu'aucun Prestre, mesme regulier, ne pourra
» entendre les confessions mesmes des Prestres, s'il n'a obtenu la per-
» mission de l'Evesque, &c. se doit entendre de l'Evesque du peni-
» tent, ou de celuy du Confesseur ?

RESOLUTION.

Sur la premiere demande du vingt-cinquiéme Cas: Que l'Evesque à pû par une Ordonnance ou Statut défendre à tous ses Diocesains de s'aller confesser exprés (*deditâ operâ*) hors de son Diocese
à des Prestres Seculiers ou reguliers, Mendians & non Mendians,
non approuvez de luy, & declarer telles confessions nulles & invalides. Cette Ordonnance est conforme au decret du IV. concile
de Milan sous S. Charles, au tilt. *de ijs quæ ad penitentiæ sacramen-*
tum pertinent, dont voicy les paroles: *Le* [m] *Curé ne donnera point la*
Communion à son Paroissien, qu'il traittera comme s'il ne s'estoit point
confessé, s'il sçait qu'il se soit transporté dans un autre Diocese exprés
pour se confesser à un regulier, si ce n'est que ce regulier fut approuvé non
seulement de l'Evesque du lieu où il demeure, mais encore de celuy du
Penitent.

[m] *Qui ad confessarium etiam regularem, in alienâ Diœcesi commorantem, deditâ operâ se conferens peccata sua sit confessus, nisi confessarius ille ab Episcopo loci, & à confitentis or-*

Qu'il a auſſy pû , ſuppoſé que le Chapitre cité du Concile de Trente ſoit en vigueur dans ſon Dioceſe à l'égard des Preſtres , enjoindre aux habituez de ſon Egliſe & aux intitulez du même Chapitre, de ſe confeſſer à leur Curé ou à quelqu'un des confeſſeurs nommez pour le Ch. & non à d'autres Preſtres ſeculiers ou reguliers, ſans qu'ils en ayent obtenu une licence ſpeciale de luy ou de leur Curé ; laquelle licence leur doit eſtre accordée facilement, car comme dit S. Thomas. *Tant[n] s'en faut que la voye du ſalut ſoit rédüe plus difficile par l'obligation que l'Egliſe impoſe aux fidelles de ſe confeſſer à leur propre Paſteur, qu'au contraire cela leur en rend le chemin plus facile & plus ſeur. Il eſt vray qu'un Curé pecheroit s'il ſe rendoit difficile à accorder à ſes Parroiſſiens la permiſſion qu'ils luy demanderoient de ſe confeſſer à un autre Preſtre; d'autant qu'il y a pluſieurs Chreſtiens qui ſe reſouderoient pluſtoſt de mourir ſans confeſſion, que de ſe confeſſer à de certains Preſtres; d'où il arrive que les Paſteurs qui ont trop d'envie de connoiſtre par la confeſſion le ſecret des conſciences de leurs Parroiſſiens , en expoſent pluſieurs à la damnation éternelle, & s'y expoſent eux-mêmes par une ſuite inevitable.* Ce que S. Charles explique en cette maniere dans l'Addition aux inſtructions qu'il donne aux Curez de ſon Dioceſe imprimées depuis peu par l'ordre de Noſſeigneurs les Prelats aſſemblez en 1655. *Le Curé*, dit ce ſaint Archeveſque, *doit facilement accorder à ſes Parroiſſiens qu'il ne ſoubçonnera pas de vouloir fuïr ſon jugement , ou éviter la penitence , ou le refus de l'abſolution qu'ils ſçavent meriter, la permiſſion de ſe confeſſer à d'autres Preſtres approuvez, &c.*

Et les mêmes habituez peuvent encore ſans qu'ils ayent beſoin d'obtenir une permiſſion particuliere de l'Eveſque ou du Curé ſe confeſſer toute l'année hors le temps de Paſques aux Preſtres Religieux Mendians approuvez par l'Eveſque pour entendre les confeſſions dans le Dioceſe ſans reſtriction.

Sur la deuxiéme demande : Qu'hors le temps de Paſques même, on ne peut ſe confeſſer à aucun Preſtre ſeculier quoy qu'approuvé dans le Dioceſe, ſans permiſſion du Curé , ſi ce Preſtre ſeculier n'eſt approuvé que pour entendre les confeſſions, *de conſenſu Parochorum* ; Qu'on peut ſe confeſſer aux Preſtres ſeculiers approuvez abſolument & ſans cette condition *accedente conſenſu parrochorum* ; Qu'on le peut auſſy aux Religieux Mendians qui ſont Preſtres, approuvez pour les confeſſions dans le Dioceſe, ſans qu'il ſoit neceſſaire d'obtenir le conſentement du Curé : Et celuy qui deſirera ſe confeſſer à un Preſtre ſeculier , autre que ſon Curé, approuvé pour entendre les confeſſions dans le Dioceſe *de conſenſu Parochorum* , afin de le pouvoir faire validement, doit obtenir la permiſſion de ſon Curé.

Sur la troiſiéme demande : Que le Chapitre *Quamvis Presbiteri* ,

---

Marginal note (right column):

dinario ad côfeſſiones audiendas probatus erit , ei tamquam in côfeſſo Parochus Euchariſtiæ Sacramentum ne præbeat.

[n] In hoc quod oportet proprio ſacerdoti confiteri, non arctatur via ſalutis ſed ſufficiens ad ſalutem via ſtatuitur. Peccaret autem ſacerdos, ſi nô eſſet facilis ad præbendam licentiam alteri confitendi ; quia multi ſunt adeo infirmi , quod potius ſine côfeſſione morerétur quam tali ſacerdoti confiterentur. Vnde illi qui ſunt nimis folliciti ut conſcientias per confeſſionem ſubditorum ſciant , multis damnationis laqueum injiciunt, & per conſequens ſibi ipſis.

du Concile de Trente, ſeſſ. 23. c. 15. ſe doit entendre de l'Eveſque du Penitent, & non de celuy du Confeſſeur ſeulement; en ſorte que l'approbation de l'Eveſque du penitent ſoit neceſſaire pour la validi-té des abſolutions. Cela eſt évident par le 4ᵉ Concile de Milan qui vient d'eſtre rapporté, & par un Bref d'Innocent X. du 14. de May 1648. par lequel il approuve le ſentiment de la Congregation des Cardinaux, leſquels ayans eſtez conſultez ſur cette matiere, ont répondu que l'Eveſque en vertu de la Bulle de Greg. XV. *Inſcru-tabili*, peut interdire l'adminiſtration du Sacrement de Penitence aux reguliers qui écoutent les confeſſions des perſonnes ſeculie-res ſans l'approbation de l'Eveſque. La queſtion eſtoit telle. *Si un Eveſque* ° *peut proceder contre les reguliers qui entendent les con-feſſions des ſeculiers dans ſon Dioceſe ſans ſon approbation, ou qui prê-chent dans leurs Egliſes, ou dans d'autres de ſon Dioceſe, ſans ſa per-miſſion; & s'il peut leur interdire les ſuſdites fonctions, & ſe ſervir de toutes les voyes de droit pour les ranger à leur devoir? Et voicy la ré-ponſe : Qu'un Eveſque peut en vertu de la conſtitution de Greg. XV. d'heureuſe memoire, qui commence* inſcrutabili, *comme delegué du Sie-ge Apoſtolique, deffendre aux reguliers l'adminiſtration du Sacrement de Penitence & la Predication, & ſe ſervir des remedes & des peines portées par le droit pour les faire obeïr s'ils s'eſtoient ingerez d'entendre les confeſſions des ſeculiers ſans avoir eſté approuvez de l'Eveſque, ou qu'ils euſſent preſché chez eux avant que d'avoir receu ſa benediction, ou dans d'autres Egliſes du Dioceſe ſans ſa permiſſion, ou dans leur propre Egliſe contre la deffenſe qu'il leur en auroit faitte.*

Et par le Bref de noſtre S. Pere le Pape Alexandre VII. du 26. Février 1659. addreſſé à Monſieur l'Eveſque d'Angers, par lequel ſa Sainteté approuve & confirme la cenſure des propoſi-tions ſuivantes faites par la Congregation de l'Inquiſition.

(note marginale °) ° An Epiſ-copi contra-dictos regula-res audientes in ſuâ Diœceſi confeſſiones ſecularium abſque ſuâ ap-probatione, vel concio-nantes abſque licentiâ Epiſ-copi, intra & extra proprias Eccleſias poſ-ſit procedere eos à talibus miniſteriis re-movendo, ſeu pœnis & a-liis juris re-mediis coer-cedo? Reſpon-dit iiſdem re-gularibus qui confeſſiones perſonarum ſeculariũ au-

diunt ſine approbatione Epiſcopi loci, vel prædicant in Eccleſiis ſui Ordinis non petitâ illius benedictione: aut in aliis Eccleſiis abſque illius licentiâ, vel in Eccleſiis etiam ſui Ordinis ipſo contradicente: poſſe Epiſ-copum in vim conſtitutionis felicis record. Greg. XV. quæ incipit *Inſcrutabili Dei providentia*, tam-quam ſedis Apoſtolicæ delegatum adminiſtrationem Sacramenti pœnitentiæ, ac munus prædicationis inter-dicere eoſque juris remediis coercere ac punire.

(note marginale p) ᴾ Concilium Tridentinum non obligat regulares in Gallia ad ob-tinendas ap-probationes ab Epiſcopis, ut ſecularium confeſſiones

La premiere : *Le* ᴾ *Concile de Trente n'oblige point les reguliers dans la France, de prendre l'approbation des Eveſques pour entendre les con-feſſions des ſeculiers, & on n'y peut reſtraindre leurs privileges en ver-tu des decrets de ce Concile, parce qu'il n'y a point eſté receu, non plus que la Bulle de Pie IV. qui les confirme : la France n'ayant receu des deciſions de ce Concile, que celles qui regardent la foy.* La cen-

audire poſſint, neque ex illius Concilij authoritate privilegia regularium reſtingi poſſunt, cum in Galliâ receptum non ſit præterquam in deciſionibus fidei; neque etiam Bulla Pij IV. pro confirmatione illius Concilij promulgata.

fure de cette propofition eſt telle. *Cette* q *propoſition eſt fauſſe, te-meraire & ſcandaleuſe, peut porter dans le ſchiſme & dans l'hereſie, & eſt injurieuſe au ſaint Concile de Trente & au Siege Apoſtolique.*

La ſeconde propoſition cenſurée eſt celle-cy. *Où* r *le Concile de Trente eſt receu, les Eveſques ne peuvent reſtraindre ny limiter les ap-probations qu'ils donnent aux reguliers pour confeſſer, ny revoquer pour quelque cauſe que ce ſoit, celles qu'ils leur ont accordées. De plus les Reli-gieux Mendians ne ſont point tenus pour pouvoir adminiſtrer le Sacre-ment de Penitence, de ſe faire approuver des Eveſques, & s'ils vien-nent à demander leurs approbations, & qu'ils ſoient refuſez; ce refus leur vaut autant que l'approbation méme.* Voicy la cenſure : *Cette propoſition priſe en ſon entier eſt fauſſe, ſcandaleuſe & erronée.*

bationes quas regularibus concedunt ad confeſſiones audiendas, neque illas ulla ex cauſâ revocare: Quin imò ordinum mendicantium religioſi ad eas approbationes obtinendas non tenentur, & ſi ab Epiſcopis religioſi non probentur, negatio illa tantum valet ac ſi approbatio conceſſa fuiſſet. Complexè ac-cepta eſt falſa, ſcandaloſa & erronea.

La troiſiéme propoſition : *Les* ſ *Religieux Mendians qui ont eſté une fois approuvez par un Eveſque pour entendre les confeſſions dans un Diocéſe, ſont cenſez approuvez pour tous les autres; & ils n'ont point beſoin d'une nouvelle approbation lors qu'ils changent de Diocéſe. Les reguliers peuvent abſoudre des Cas reſervez à l'Eveſque, quoy qu'ils n'en ayent jamais receu de luy le pouvoir :* La cenſure eſt telle. *Cette propoſition,* t *quand à la premiere partie, eſt fauſſe, & pernicieuſe au ſalut des ames : & quand à la deuxiéme elle eſt fauſſe, injurieuſe à l'au-thorité des Eveſques, & au Siege Apoſtolique.*

indigent approbatione. Regulares habent poteſtatem abſolvendi à peccatis Epiſcopo reſervatis, etiam ſi ab Epiſcopo authoritas ipſa ipſis indulta non fuerit.

t Quo ad primam partem eſt falſa, & ſaluti animarum pernicioſa, quo ad ſecundam partem eſt falſa, authoritati Epiſcoporum, & ſedis Apoſtolicæ injurioſa.

Et la Congregation des Cardinaux du Concile de Trente con-ſultée par Monſieur l'Eveſque de Cahors, le ſeptiéme d'Octobre 1662. A répondu ainſy. *La* u *Congregation du ſaint Concile declare que les reguliers qui ont eſté approuvez par un Eveſque pour entendre les confeſſions pour un temps limité, ne peuvent continuer de les entendre aprés ledit temps expiré, & s'ils le font l'Eveſque pourra agir contre eux conformément à la conſtitution de noſtre S. Pere le Pape Gregoire XV. qui commance* INSCRUTABILI.

finito, non poſſe illas audire. Quod ſi nihilominus ab ipſis confeſſionibus excipiendis non abſtineant poſſe adverſus illos ex præſcripto conſtitutionis S. N. Greg. XV. incipientis *inſcrutabili*, &c. ab Epiſcopo animadverti.

VINGT-SIXIE'ME CAS.

Vn Eveſque appliqué ſerieuſement à ſon miniſtere, ayant re- «
connu par l'experience de pluſieurs années qu'il eſtoit tres-preju- «
diciable au ſalut des ames que Dieu a commis à ſa conduite, que «

» trois ou quatre Religieux d'un petit Convent de son Diocese admi-
» niftraffent le Sacrement de penitence, à quoy il se croyoit davan-
» tage obligé de s'oppofer, qu'ils eftoient au peuple à fcandale, fe re-
» folut de leur interdire cette fonction; & il le fit avec d'autant plus de
» juftice, que le Prieur refufa de recevoir une approbation limitée, &
» d'obeïr au Bref de noftre faint Pere le Pape adreffé à Monfieur l'E-
» vefque d'Angers fur le fujet des differends qu'il avoit eu avec les
» reguliers de fon Diocefe ; de forte que ces reguliers demeurerent en
» cét eftat ne prefchant ny ne confeffant, pendant cinq ans.

» Au bout de ce temps, un Prieur nouveau penfa que cét Evefque
» faifoit une injure à fon Ordre. Il fe prefente à luy & le requiert par
» acte de Notaire de l'approuver luy & deux Religieux, pour pref-
» cher & pour confeffer, & luy declare qu'il prend fon refus pour
» une approbation. En effet, le Dimanche enfuivant il monte en
» Chaire, prefche, & avertit fes auditeurs qu'ils peuvent venir quand
» il leur plaira à confeffe à luy & à fes deux Religieux & qu'il répond
» ame pour ame des abfolutions qu'il donneront nonobftant le refus
» de l'Evefque qu'il traite d'heretique par ce raifonnement : Qui-
» conque va contre les privileges des Reguliers authorifez par le faint
» Siege & par les Conciles, eft heretique ; que cét Evefque ne les
» voulant pas approuver, alloit contre leurs privileges, & qu'il eftoit
» par confequent heretique. Et afin qu'il ne manquaft rien à cette
» prédication, il s'efforça de perfuader fes auditeurs que de deux opi-
» nions probables, ils pouvoient fuivre en confcience celle que bon
» leur fembloit, & qui les accommodoit le plus.

» Le Promoteur ayant eu avis en gros du fcandale que cette prédi-
» cation avoit caufé, prefente Requefte à cét Evefque qui eftoit dans
» le cours de fa vifite, lequel commet le premier Preftre gradué pour
» en informer.

» Dés que le Religieux eut avis de cét information, s'imaginant que
» l'Official l'auroit decretée, il en appelle à Rome, *omiffo medio*, &
» fait commettre un Evefque d'un autre metropole éloigné de trois
» journées du domicile du Promoteur, auquel il prefente fon récrit,
» dont voicy le Libelle, *à fententiâ definitivâ, five decreto definitivo*
» *per ordinarium five ejus officialem in primâ inftantiâ latâ feu lato, quâ*
» *vel quo, dilectus N. ad inftantiam, promotoris fifcalis dictæ curiæ*
» *Epifcopalis, fubpretextu contraventionis precepti de non prædicando &*
» *elemofynas quærendo, condemnatus reperitur in nonnullis pœnis non ta-*
» *men corporis inflictivis.*

» Cét Evefque Commiffaire ayant decerné fes Lettres, on affigna
» le Promoteur pardevant luy, lequel ne s'alla pas prefenter parce
» qu'il apprit que ce Commiffaire eftoit en la Ville Capitale de la
» Province éloignée de deux journées & demie de fa Ville Epifcopale
» où eftoit donnée l'affignation, neanmoins fon Vicaire General fu

difant fubdelegué donna deffaut, fur lequel le Promoteur envoya «
fon Subftitut exprés pour fe prefenter, mais il ne trouva ny l'Evef- «
que ny fon Vicaire General qui eftoient tous d'eux en la Ville Ca- «
pitale de la Province, il fit neanmoins fa prefentation au Greffe «
fans approbation de la Commiffion de laquelle le Promoteur in- «
terjetta appel pour plufieurs raifons. «

La premiere, parce que l'Evefque Commiffaire eftoit *extra duas* «
legales diætas. «

2° Que le récrit eftoit faux en fa matiere & par confequent nul, «
n'y ayant jamais eu Sentence, ny decret non feulement definitif; «
mais méme interlocutoire, n'y aucune affignation, les informa- «
tions n'ayant pas efté decretées. «

3° De ce qu'il avoit efté appellé à Rome, *omiffo medio.* contre le «
Concordat. «

Mais on ne fe mit pas en peine d'obtenir fur cét appel refcrit, «
parce qu'on crut que ce Religieux reconnoiftroit fa faute. Mais au «
contraire le temps d'obtenir le refcrit eftant paffé, il fait donner fur «
une nouvelle affignation, à laquelle on ne fe prefenta pas, une Sen- «
tence par ledit Evefque Commiffaire, par laquelle il fufpendoit le «
Promoteur de l'entrée de l'Eglife, jufqu'à ce qu'il euft remis la pro- «
cedure dont eftoit appel, & approuvoit pour précher & confeffer «
dans le Diocefe dont eftoit queftion le Prieur, & permettoit à «
fes deux Religieux de fe prefenter au premier Evefque qu'ils vou- «
droient, pour eftre femblablement approuvez. «

Le Promoteur demeura interdit pendant trois femaines par cette »
Sentence, & quoy qu'il n'y euft point de procedure, car une Re- «
quefte & une Information non decretée n'eft pas une procedure, «
& qu'il foit innoüy que les appellez remettent les procedures, il «
fit expedier celle là par extrait fcellé du Sceau de l'Officialité, & «
la fit remettre entre les mains de l'Evefque Commiffaire, lequel «
leva l'interdit; mais quelques jours aprés ce Religieux luy ayant re- «
prefenté que ce n'eftoit point l'original, il donna une feconde Or- «
donnance par laquelle il interdit une feconde fois le Promoteur «
jufqu'à ce qu'il euft remis les originaux contre l'ordre de fa Provin- «
ce, & le ftile arrefté en l'Affemblée generale du Clergé de mil fix «
cent fix. «

Enfin cét Evefque ayant elu fon Tribunal dans la Ville Capitale «
de la Province, le Promoteur infifta aux fins de non proceder, & «
de non recevoir, fondées, 1° Sur la nullité du récrit qui avoit expofé «
faux au Pape, n'y ayant jamais eu non feulement de Sentence, «
mais méme d'affignation contre ce Religieux, & ainfy que ce «
Commiffaire n'avoit aucun pouvoir. 2° Sur ce que cét Evefque «
Commiffaire eftoit *extra duas legales diætas.* Et on luy fit voir par «
maniere d'éclairciffement, que fon récrit ne difant pas un mot de la «

» confeſſion, moins encore d'approuver par cette fonction & celle
» de prêcher dans le Dioceſe d'un autre, il n'avoit peu approuver ce
» Prieur, & permettre aux deux autres de s'aller faire approuver par
» qui bon leur ſembleroit ; que c'eſtoit une entrepriſe ſans exemple,
» ces deux Religieux n'eſtans pas ſeulement nommez dans le récrit.
» Mais nonobſtant ces raiſons & une infinité d'autres qui luy ont eſté
» alleguées, fondées ſur les Conciles & ſur les Bulles des Papes, par
» une Sentence definitive il a confirmé cette premiere Sentence par
» deffaut ; c'eſt à dire qu'il a approuvé comme Commiſſaire Apoſto-
» lique, en vertu du Bref qui n'en dit pas un mot, le Prieur pour prê-
» cher & confeſſer dans un Dioceſe malgré l'Eveſque, & a permis
» à deux autres Religieux de l'aller trouver, ou tel autre Eveſque
» qu'ils voudront à leur choix, pour ſe faire approuver pour les con-
» feſſions, & a condamné le Promoteur aux eſpices, & aux deſpens.
» Sur quoy on demande.
» 1° Si cét Eveſque eſtant *extra duas legales diætas*, à peu recevoir
» cette commiſſion, & decerner lettres en conſequence?
» 2° S'il a peu ſans commandement precedent fait au Promoteur,
» l'obliger à remettre une procedure de laquelle il n'eſtoit pas char-
» gé, & qui n'avoit jamais eſté miſe au Greffe comme n'ayant pas
» eſté decretée ; & juſqu'à ce qu'il l'euſt remiſe, l'interdire de l'entrée
» de l'Egliſe, & même l'obliger à en remettre l'original ?
» 3° S'il a peu en vertu du Bref ou récrit libellé comme deſſus,
» connoiſtre de cette affaire & approuver ces Religieux, ſous pre-
» texte qu'il y a la clauſe generale, *cum annexis, & connexis, &c.*
» en un mot, ſi ſa procedure, eſt legitime ?
» 4° S'il eſt vray, comme ces reguliers ont avancé, qu'il ſuffit aux
» reguliers Mendians pour côfeſſer & prêcher, qu'ils ſe ſoient preſen-
» tez aux Eveſques ayans eſté trouvez capables par leurs ſuperieurs,
» & que le refus des Eveſques leur vaut une approbation, & qu'ils
» peuvent en conſequence validement & licitement confeſſer &
» prêcher ; ou s'il eſt neceſſaire qu'ils ayent effectivement obtenu
» cette approbation ?
» 5° Si les Eveſques ne ſont pas en droit de punir & de chaſtier,
» ſoit par cenſures ou autrement les reguliers qui prêchent ou con-
» feſſent ſans leur approbation, & s'ils peuvent limiter & reſtraindre
» comme ils jugent à propos ces approbations ?
» 6° Si un regulier à qui l'Eveſque auroit refuſé la permiſſion de
» prêcher, n'ayant pas laiſſé de le faire & d'avancer pluſieurs pro-
» poſitions ſcandaleuſes, l'Eveſque ſe trouvant *in curſu viſitationis*, ne
» peut pas ſur la plainte du Promoteur commettre un gradué pour
» informer, ſous pretexte que ce Religieux a declamé contre luy ?
» 7° Si des reguliers Mendiants d'un Dioceſe voiſin peuvent mal-
» gré l'Eveſque Dioceſain queſter dans un autre Dioceſe où ils ne

ſon

font pas eſtablis & où ils ne rendent aucun ſervice ; le Dioceſe «
eſtant d'ailleurs pauvre & ne pouvant nourrir ſes pauvres : & quel- «
le conduite doit garder cét Eveſque envers ces reguliers qui conti- «
nüent ces queſtes avec oſtentation, & comme pour luy inſulter ? «

RESOLUTION.

Sur la premiere demande du vingt-ſixiéme Cas : Que l'Eveſque n'a peu recevoir cette commiſſion, & decerner lettres en conſequence, s'il eſt vray qu'il eſtoit éloigné du domicile des parties de plus de deux journées, ou que l'appel ayt eſté fait à Rome *omiſſo medio*, contre la diſpoſition du Concordat.

Sur la deuxiéme : Que le méme Prelat n'a peu agir contre le Promoteur pour l'obliger à mettre la procedure au Greffe, qu'en gardant les formalitez de Iuſtice neceſſaires.

Sur la troiſiéme : Qu'il n'a peu exceder les termes de ſon reſcrit, & prononcer ſur une matiere , ſur laquelle il n'eſtoit point delegué.

Sur la quatriéme : En ce qui regarde le pouvoir de confeſſer les ſeculiers dãs un Dioceſe ; Qu'il ne ſuffit pas aux Religieux Mendians pour confeſſer dans un Dioceſe les ſeculiers , d'avoir eſté examinez par leurs ſuperieurs reguliers ; & ayant eſté trouvez par eux capables, de ſe preſenter à l'Eveſque : mais qu'il eſt neceſſaire qu'ils ayent l'approbation de l'Eveſque: & le refus qu'il fait de les approuver, ne leur vaut pas une approbation ; car le Concile de Trente prononce generalement que cette approbation eſt neceſſaire. Vrbain VIII. dans ſa Bulle , *Cum ſicut accepimus* , du douziéme de Septembre 1628. revoque tous les indults qui pourroient avoir eſté donnez à quelques Religieux d'entendre les confeſſions des ſeculiers ſans l'approbation de l'Eveſque Dioceſain, leſquels indults quelques-uns vouloient eſtendre aux autres ordres par une communication generale de privileges , d'où il arrive, dit ce Pape, que le tres-ſalutaire Decret du Concile de Trente ſur ce ſujet eſt abſolument renverſé. Innocent X. dans le Bref cité eſt de ce même ſentiment : comme auſſy noſtre ſaint Pere le Pape Alexandre VII. en ſon Bref à Monſieur l'Eveſque d'Angers rapporté cy-deſſus ; & la Congregation du Concile en ſa réponſe à Monſieur l'Eveſque de Cahors.

Et en ce qui regarde le pouvoir de prêcher : Qu'il ne ſuffit pas aux Religieux Mendians pour prêcher dans un Dioceſe , d'avoir permiſſion de leurs ſuperieurs reguliers aprés avoir ſuby leur examen, & obtenu leur approbation, & de ſe preſenter ſeulement en ſuitte à l Eveſque : mais qu'il eſt neceſſaire pour preſcher dans les Egliſes de leur Ordre, qu'ils ayent demandé auparavant la benediction de l'Eveſque Dioceſain ; & pour preſcher dans les autres Egliſes du Dioceſe , qu'il faut qu'ils ayent obteñu auparavant la permiſſion de

G

l'Evefque du Diocefe , & même qu'ils ne peuvent prefcher dans les autres Eglifes de leur Ordre contre la deffenfe de l'Evefque , car le Concile de Trente prononce auffy en la feff. 5. c. 2. De reform. *Les Religieux*[a] *de quelque Ordre qu'ils foient ne pourront prefcher dans leurs propres Eglifes qu'ils n'ayent efté examinez par leurs Superieurs & approuvez d'eux & qu'ils n'en ayent la permiffion , avec laquelle ils feront tenus avant que de commencer leurs Predications , de fe prefenter en perfonne à l'Evefque Diocefain pour recevoir fa benediction : que s'ils font appellez pour prefcher dans les autres Eglifes du Diocefe , outre la permiffion de leurs Superieurs , ils feront obligez de prendre encore celle de l'Evefque fans laquelle ils ne prefcheront jamais dans les Eglifes qui ne font point de leur Ordre. Et en la feff. 24. de reform. c. 4. Qu'aucun*[b] Clerc feculier ou regulier ne foit jamais affez temeraire de prefcher contre la volonté de fon Evefque , non pas même dans une Eglife de fon Ordre.*

[a] Regulares vero cujufcumque Ordinis , nifi à fuis fuperioribus de vitâ moribus , & fcientiâ examinati , & approbati fuerint , ac de eorum licentiâ , etiam in Ecclefiis fuorum ordinum prædicare non poffint ; cum quâ licentiâ perfonaliter , fi coram Epifcopis præfentare & ab eis benedictionem petere teneantur , antequam prædicare incipiant : in Ecclefiis vero quæ fuorum ordinum non funt, ultra licentiam fuorum fuperiorum etiam Epifcopi licentiam habere teneantur , fine quâ in ipfis Ecclefiis non fuorum Ordinum , nullo modo prædicare poffint.

[b] Nullus autem fecularis, five regularis etiam in Ecclefiis fuorum Ordinum contra dicente Epifcopo prædicare præfumat.

Le Concile de Roüen de l'an 1581. ordonne la méme chofe , comme auffy celuy de Bourdeaux en 1583. & celuy de Tours en la méme année , & celuy de Bourges en 1584. d'Aix en 1585. de Narbonne en 1609. de Bourdeaux en 1624. à quoy on peut ajoûter les Reglemens des affemblées generales du Clergé de France de 1625. & depuis : & enfin le Bref d'Innocent X. cy-deffus rapporté.

Sur la cinquiéme : Que les Evefques font en droit de punir & chaftier les reguliers qui prefchent fans leur permiffion dans les Eglifes qui ne font pas de leur Ordre ; ou dans les Eglifes de leurs Ordres, s'ils ne fe font point prefentez aux Evefques Diocefains, s'ils n'ont point receu leur benediction auparavant que de commencer de prefcher ; comme auffy s'ils ont prefché dans les Eglifes de leurs Ordres contre la volonté du Diocefain.

Qu'ils peuvent auffy punir & chaftier les reguliers qui confeffent les feculiers de leurs Diocefes, n'ayant point obtenu d'eux l'approbation neceffaire pour confeffer ; comme il eft ordonné par Greg. XV. en la conftitution *infcrutabili* , & par Innocent X. dans le Bref cy-deffus rapporté.

Que les Evefques peuvent auffy limiter & reftraindre les approbations qu'ils donnent aux reguliers pour entendre les confeffions des feculiers de leurs Diocefes , felon qu'ils le jugent neceffaire ou utile pour la gloire de Dieu & le falut des ames. C'eft le fentiment de noftre Saint Pere le Pape Alexandre VII. en fon Bref à Monfieur l'Evefque d'Angers cy-deffus rapporté , & de la Congrega-

tion du Concile en sa réponse à Monsieur l'Evesque de Cahors aussy
rapportée. Si l'Evesque peut suspendre ou revoquer l'approbation
donnée aux reguliers quand il le juge à propos pour la gloire de
Dieu & le salut des ames, il peut par la même raison leur limiter &
restraindre les approbations qu'il leur donne pour confesser ses
Diocesains : Or il est certain que l'Evesque peut suspendre & revoquer les approbations, comme il est definy par le sixiéme Concile
de Milan au tiltre *de Pœnitentiâ*, en ces termes. *L'Evesque*[b] *pourra*
suspendre pour un temps les confesseurs reguliers qu'il avoit approuvez,
ou leur deffendre absolument de confesser, s'il voit selon les lumieres de sa
conscience que leur conduite n'edifie pas les fidelles, & qu'il juge qu'ils
ne s'acquitent pas de cét employ avec la fidelité & l'honesteté que la
sainteté du ministere qui leur a esté confié, & la charité qu'ils doivent
avoir pour le salut des ames, requeroit d'eux.

Sur la sixiéme demande : Que l'Evesque estant dans le cours de sa
visite, sur les plaintes qui luy sont faites d'un Religieux Mendiant
qui presche dans son Diocese sans sa permission, & qui avance des
erreurs dans ses predications, peut commettre un gradué pour informer, & l'information faitte & remise au Greffe de l'Officialité,
estre ordonné par l'Official ce qu'il appartiendra, nonobstant que
ce Religieux soit accusé, ou se trouve avoir declamé contre ce
Prelat.

Sur la septiéme demande : Que les Religieux Mendians d'un
Diocese voisin ne peuvent malgré l'Evesque voisin quester dans
son Diocese, dans lequel ils ne sont pas establis & ne rendent aucun service, particulierement si ce Diocese est d'ailleurs si pauvre,
que les pauvres qui en sont ne puissent estre assistez autant qu'il seroit necessaire. Que l'Evesque les doit faire avertir charitablemēt de
la faute qu'ils font, & apres leur deffendre s'ils ne déferent à ses cha-
ritables advertissemens, que s'ils continuent nonobstant les deffenses, il peut, ou deffendre à ses Diocesains de leur donner ; ou faire
proceder contre eux par son Official par les voyes de droit à la
requeste du Promoteur ; ou les punir par censures Ecclesiastiques
comme rebelles à l'authorité Episcopale ; ou enfin implorer contre
eux le bras seculier.

VINGT-SEPTIÉME CAS.

Iacques qui est Chantre d'une Eglise Cathedrale voulant resigner «
sa Chantrerie à Anthoine ; en traitte avec François & Guillaume «
Pere & Frere d'Anthoine qui est à douze ou quatorze lieuës de là : «
le total du revenu de cette Chantrerie ne va qu'à sept cens livres, «
il y a pour le moins quarante écus de charges annuelles outre le ser- «
vice personnel. Aprés quelques conferances ils demeurent d'accord «
que Iacques resignera cette Chantrerie à Anthoine moyennant «

[b] Episcopus
à confessioni-
bus audiendis
suspendat, aut
omnino amo-
veat confessa-
rios etiam re-
gulares jam
approbatos,
quos pro suæ
timoratæ con-
scientiæ reli-
gione, viderit
in eo munere
non ita since-
rè integreque
& cum ædifi-
catione se ge-
rere; quemad-
modum &
tanti ministe-
rij illis com-
missi sanctitas
postulat, &
animarum sa-
lus deposcit
quæ suæ fidei
concredita
sunt.

» sept cens livres de penſion annuelle, franche & quitte de toutes
» charges tant ordinaires qu'extraordinaires.
»   Anthoine ayant eu avis de ce traitté, envoye du lieu où il eſtoit
» Procuration à François ſon Frere pour accepter en ſon nom cette
» reſignation dont il envoye la minutte qu'il fait dreſſer par un Ban-
» quier, il envoye enſuite la reſignation à Rome & en obtint des
» proviſions ; celles de la penſion portent que le Pape admet cette
» reſignation & homologue le Concordat, pourveu que cette pen-
» ſion de ſept cens livres n'excede pas le tiers des fruits.
»   Il preſente ſes proviſions à l'Eveſque qui luy refuſe le *Viſa* pre-
» tendant que cette reſignation eſt ſymoniaque, en ce que Anthoine
» outre le Service perſonnel paye quarante écus à Iacques plus que le
» revenu ne rend. Neantmoins ayant obtenu le *Viſa* du Metropoli-
» tain, il ſe met en poſſeſſion où il eſt troublé, 1ʳ Par Iacques qui
» demande ſes regrés & qui veut rentrer dans le Benefice, puis Iac-
» ques eſtant mort dans l'an, par André qui eſt pourveu par l'or-
» dinaire *per obitum*, & en Cour de Rome *jus juri.* On plaide, le
» jugement du procez eſt renvoyé en une Cour Souveraine, ou An-
» thoine eſt maintenu definitivement dans le Benefice, ſans dépens.
»   Il vient enſuitte de ſon Arreſt pour s'eſtablir dans la Ville Epiſ-
» copale & faire ſes fonctions : il ſe preſente à confeſſe, les Confeſ-
» ſeurs à ce qu'il pretend, luy refuſent l'abſolution pretendans que la
» reſignation eſt ſymoniaque par les raiſons cy-deſſus.
»   Il s'en deffend 1º parce qu'il pretend que lors qu'il a donné ſa
» Procuration il a ignoré la veritable valeur du Benefice. 2º qu'une
» penſion en argent, quoy qu'elle excede les fruits du Benefice, ne
» rend pas pour cela les proviſions nulles, mais donne lieu tout au
» plus à la reduction. 3º qu'il n'a jamais payé cette penſion, Iacques
» eſtant mort dans l'an. 4º qu'il a un Arreſt d'une Cour Souveraine où
» on a allegué ce que l'on a voulu, qui le maintient definitivement.
»   Sur quoy on demande,
»   1º Si cette reſignation, *ut jacet*, eſt ſimoniaque, & les provi-
» ſions expediées en conſequence nulles, ſi Anthoine eſt obligé de ſe
» demettre de ce Benefice, & d'en reſtituer les fruicts : & s'il n'eſt
» pas dans cette diſpoſition, ſi on le peut abſoudre ?
»   D'un coſté il ſemble que non, tant pour les raiſons cy-deſſus alle-
» guées par Anthoine, que parce que ces ſortes de reſignations ſont
» aſſez en uſage à cauſe de la mauvaiſe foy des reſignataires.
»   D'autre coſté il ſemble qu'oüy, 1º parce que de donner d'un Be-
» nefice, dont le total du revenu n'eſt que de ſept cens livres au
» plus, & qui a quarante écus de charges annuelles au moins ou-
» tre le ſervice perſonnel que le titulaire doit rendre ſept cens
» livres de penſion franche de toutes charges, c'eſt proprement
» donner toutes les années quarante écus pour un Benefice, ce qui

'quipolle à une ſymonie. Et on n'a pû ignorer la valeur de ce Be- «
nefice qui eſt notoire dans le païs & qui ne ſe peut cacher, y «
ayant dans les lieux où ſe prennent les revenus, des chanoines & «
autres Beneficiers qui prennent égale portion des diſmes. Que la «
reſignation eſtant conditionnelle, elle eſt cenſée nulle *conditione* «
non impletâ ; car le Pape n'approuve la reſignation qu'au cas que la «
penſion n'excede pas le tiers, contre l'expreſſe volonté de Iacques; «
avéc cette clauſe reſolutive, *aliàs preſens gratia nulla ſit eo ipſo*, & «
ainſy que ſelon S. Thomas il eſt obligé de quitter le Benefice, & de «
reſtituer les fruicts qu'il a perceus. «

On demande, «

2° Si on peut en conſcience ſe reſerver penſion ſur un Benefice «
dont le total du revenu eſt à peine ſuffiſant pour entretenir le titu- «
laire, les charges payées ? «

3° Si on peut en conſcience ſe reſerver penſion ſur un Benefice «
qu'on n'a jamais ſeruy, ou qu'on a mal ſeruy y ayant par exemple «
eſté à ſcandale ? «

4° Quelles ſont les conditions qui peuvent rendre une reſerve de «
penſion legitime en conſcience ? «

RESOLUTION.

Sur la premiere demande du vingt ſeptiéme Cas: Que ſupoſé que Iacques reſignant ce benefice à Anthoine, n'ait voulu luy reſigner qu'à la charge de cette penſion de ſept cens livres & non autrement, & qu'Anthoine reſignataire ait ſceu la juſte valeur de ce benefice lors qu'il a donné ſa procuration ; cette reſignation & les proviſions expediées en conſequence ſont nulles ; qu'Anthoine eſt obligé de ſe démettre de ce Benefice, & d'en reſtituer les fruits, & que n'eſtant point en cette diſpoſition, on n'a pas dû l'abſoudre.

Mais ſuppoſé que Iacques en traittant ait eſté dans la diſpoſition de ſe contenter d'une penſion canonique, & qu'Antoine n'ait pas ſçeu la juſte valeur de ce Benefice en paſſant ſadite procuration, & que la reſignation n'ait eſté faite que *ſub benè placito Pontificis, & non aliàs*, elle ne peut pas eſtre cenſée nulle, ny auſſy les proviſions expediées en conſequence paſſer pour nulles, & qu'Anthoine n'eſt point obligé de ſe démettre de ce Benefice, ny d'en reſtituer les fruits ; que ſon Confeſſeur a dû le croire au fore interieur, lors qu'il luy a dit que quand il a donné ſa procuration il ignoroit la veritable valeur du Benefice, & qu'il n'a jamais payé cette penſion de ſept cens livres portée par le Concordat, qui n'a eſté homologué par le Pape qu'à condition que cette penſion de ſept cens livres n'excedaſt pas le tiers des fruits ; ce qui ne rend point les proviſions nulles, mais qui fait que cette penſion eſt ſujette à reduction, & n'a pû estre payée que jusques à la concurrence de la troisiéme partie des fruits.

Sur la seconde : Qu'on ne peut se reserver pension sur un Benefice, dont le total est à peine suffisant pour entretenir le titulaire, & payer les charges. Car comme dit tres-bien le Cardinal Tolet, Instruc. Sacer. l. 5. c. 83. Il faut [d] prendre garde que la pension qu'on tire d'un Benefice ne soit pas si forte, qu'il ne reste toujours au titulaire un revenu suffisant pour s'entretenir honnestement, & pour en acquitter les charges. D'où il s'ensuit, que ceux qui jouissent de tous les fruits d'un Benefice sous titre de pension, sur tout si ce Benefice oblige à la conduite des ames, commettent une tres-grande injustice, qui ne peut estre excusée de quelque maniere qu'on prenne la chose. Autrefois les pensions n'excedoient pas la troisiéme partie des fruits : Il y a mesme des Benefices dont on ne peut tirer pension ; & cela ne se doit jamais souffrir lors que le revenu d'un Benefice est modique.

[d] Ne pensio, quæ ab uno aliquo percipitur beneficio, sit adeo pinguis ut non remaneant fructus cum titulo, quibus possit convenienter beneficium habens sustentari in suo officio, unde iniquissimum est nec excusabile, omnes fructus exigere pro pensione & maxime ex beneficio habente curam; olim non dabatur nisi tertia pars : nec ex omni beneficio pensio exigi potest, nam cum omnes simul beneficij fructus exigui sunt, non exigenda pensio.

Sur la troisiéme demande : Qu'on ne peut en conscience se reserver pension sur un benefice qu'on n'a jamais servy, ou qu'on a mal servy, y ayant esté à scandale.

Sur la quatriéme : Que l'on peut reserver une pension en trois cas. 1° Pour le bien de la paix entre deux contendans un mesme Benefice. C. nisi essent. de præbendis, & c. audivimus. de colluf. de tegen. De crainte, dit Tolet, qu'un [e] procez ne prejudicie au salut des ames par sa longueur, ou qu'il ne cause un dommage notable au benefice, le Pape a de coustume de le donner à celuy dont le droit luy paroist plus clair, & d'assigner à l'autre une pension raisonnable sur les fruits de ce mesme Benefice.

[e] Ne rixa cedat contra utilitatem & in dānum Ecclesiæ, quæ privatur illo tēpore ministro, solet de licentiá Papæ illi qui habet majorem justitiæ rationem dari beneficium conveniente pensione alteri assignatâ.

2° En permutation d'un Benefice pour l'inegalité du reuenu, ch. ad quest. de rerum permut. Ce que le mesme Autheur explique en ces termes. Si un [f] Benefice qu'on veut échanger, à un reuenu plus considerable de beaucoup, que celuy qu'on prend ; on égale à peu prés les revenus, en assignant une pension sur le Benefice qui est plus fort à celuy qui le quitte pour prendre l'autre dont le revenu est moindre. Cela se pratique lors que deux personnes permutent leur Benefices avec dispense.

[f] Cum una Ecclesia habet beneficiū pinguius altera minus pingue, & sit permutatio, tunc datur pensio ex pinguiori ad suplendum fructus minus pinguis beneficij : & hoc solet fieri cum personæ inter se permutant beneficia, sed cum dispensatione.

3° Quand le titulaire pour infirmité ou autre juste cause resignant un Benefice s'en reserve avec la permission du Pape, une partie des

fruits qui luy est necessaire pour vivre, en restant assez au resignatai-
re pour vivre & acquitter les charges : car si le resignant a dequoy vivre d'ailleurs, il ne peut se reserver de pension que par un
grand abus. C'est *g un grand abus*, dit Tolet au lieu cité, *& un de-*
sordre estonnant de voir des Ecclesiastiques qui ont dequoy vivre hon-
nestement selon le rang qu'ils tiennent dans l'Eglise, entasser pensions sur
pensions ; & ce qui est tout a fait surprenant, c'est que dans la verité
& suivant les regles de l'Eglise, ces personnes ne peuvent prendre la moin-
dre petite pension: On ne sçauroit neanmoins jamais les porter à renoncer à aucune de celles dont ils jouïssent : la mort cependant leur fera
enfin quitter malgré qu'ils en ayent tous ces biens mal acquis. Et quand
il n'auroit pas dequoy vivre d'ailleurs, il seroit contre la raison
qu'il eust part aux fruits d'un Benefice qu'il resigneroit au préjudice du necessaire du titulaire & des charges.

Ce n'est pas assez pour estre en seureté de cõscience que la pension
ait esté crée en Cour de Rome, méme quãd elle est accordée par l'E-
glise, *pro bono pacis*, ou bien *causa permutationis*. Car cõme dit excel-
lément Tolet, *La h dispense que l'on donne sans juste cause est nulle dans*
le fond & devant Dieu, & elle ne peut servir que devant les hommes &
dans le fore exterieur. Ceux là dõc ne sont pas en seureté de conscience qui
retienent des pensions avec dispense, si cette dispense n'est fondée sur une
raison legitime ; & il ne leur serviroit de rien de dire que le Pape leur a
donné, car ils doivent considerer comment il leur a donné. Vn homme qui
auroit touché une somme d'argent qui ne luy seroit point deuë, d'un œconome qu'il sçauroit estre de mauvaise conscience & fort mal ménager les
deniers de son Maistre, ne se croiroit-il pas obligé de la rendre? Or le
Pape n'est pas le Maistre des biens de l'Eglise, il n'en est que le dispen-
sateur & l'œconome. De méme que les dispenses que les Papes donnent
des vœux, n'assurent pas la conscience de ceux qui les demandent si elles
ne sont justes ; ainsy on peut dire que celles qu'ils donnent en matiere de
pensions & de Benefices, ne mettent pas en assurence ceux en faveur desquels ils les accordent, s'ils n'en ont des raisons legitimes qui doivent
estre tirées de l'utilité de l'Eglise à laquelle les biens appartienent : car
si la raison de la dispense ne tend en aucune maniere au bien d'une Eglise
particuliere, ou à l'avantage de l'Eglise universelle, elle n'est pas une
raison legitime de dispenser.

quomodo dederit : hoc inquam non excusat, si enim quis accipiat pecuniam ab œconomo, quem scit male
dispensare res Domini & contra justitiam, non potest eas in conscientiâ tunc retinere. Papa autem non est
Dominus bonorum, ac redituum Ecclesiæ sed tantum universalis dispensator, unde sicut cum dispensat in
voto non facit hominem securum in conscientiâ nisi causa adsit, ita in pensionum & beneficiorum distri-
butione : causa autem hæc debet esse in utilitatem Ecclesiæ cujus sunt bona ; si enim nulla via vel pacto in
Ecclesiæ hujus, vel universalis utilitatem tendat, non est causa legitima.

Vingt-Huitie'me Cas.

Vn Evesque faisant sa visite dans un Chapitre Collegial assez "

» nombreux, & qui avoit befoin d'inftruction erigea la premiere Cha-
» noinie vacante en Prebande Theologale, & ordonna qu'elle feroit
» conferée à une perfonne qui euft les qualitez requifes pour en faire
» les fonctions.

» Vn Chanoine de cette Eglife eftant mort fans refigner, le Cha-
» pitre qui eftoit de tour pour conferer cette Chanoinie, (la collation
» appartenant alternativement à l'Evefque & au Chapitre) fut prié
» par un Gentilhomme du Païs de vouloir luy donner la difpofition
» de ce Benefice, ce qu'il accorda, ce Gentilhomme ayant plufieurs
» amis & parens dans ce Chapitre.

» Anthoine frere de ce Gentilhomme n'eftant point de la qualité
» requife pour eftre pourveu de ce Benefice, ce Gentilhomme pro-
» pofa au Chapitre un Curé d'un Diocefe voifin auquel le Chapitre
» confera cette Theologale. quoy que ce Curé qui eftoit déja fort fur
» l'âge, fuft tout à fait incapable de ce Benefice, tant à caufe de fon
» ignorance, que de fes mœurs.

» Le deffein de ce Gentilhomme eftant de faire avoir un Benefice
» à Anthoine fon frere avec cette Theologale, fit refigner la Cure de
» ce nouveau Theologal à un Chanoine de l'Eglife Cathedrale no-
» toirement fcandaleux, avec referve de penfion, lequel refigna en
» mefme temps fa Chanoinie à Anthoine, auec une referve de pen-
» fion qu'on éteignit peu apres. Et parce que ce Gentilhomme avoit
» eü befoin pour tout ce negoce, de l'entremife d'un parent de Paul,
» jeune Clerc ; il obligea ce nouveau Theologal de refigner à ce Paul
» cette Theologale, quoy qu'il en fuft tres-indigne en toute manie-
» re, avec une autre referve de penfion exorbitante ; lequel Paul à
» cette occafion a efté depuis le fcandale du Diocefe.

» L'Evefque ayant appris tout ce trafic, refufa le *Vifa* fur ces refi-
» gnations. Mais à fon refus Anthoine l'ayant obtenu du Metropoli-
» tain, il fe mit en poffeffion.

» Anthoine ne fçait prefque que lire & eft tout à fait inhabile &
» incapable de faire aucune fonction Ecclefiaftique. Sa voix eft fi ex-
» traordinairement difcordante & mauvaife, qu'il ne peut chanter
» une leçon, ny pfalmodier. De plus, eftant gros & gras, & un peu
» incommodé de fa corpulence, il eft au Chœur avec beaucoup d'im-
» modeftie, & y dort le plus fouvent. En un mot, il ne fçauroit faire
» aucune fonction de Chanoine.

» Sa vie dans la Ville n'eft pas édifiante, tant à caufe de fon oyfiveté,
» que parce que fa maifon fert de rendez-vous pour joüer, boire &
» manger. Il y a même eu quelque foupçon d'impureté à l'occafion
» d'un fien frere qui demeure fouvent avec luy & qui mene comme
» luy une vie oyfive & fenfuelle.

» On a fouvent averty Anthoine de mener une vie conforme à fon
» eftat, de faire effort fur luy-mefme & de s'affujettir à quelque reglement

ment de vie ; mais ç'a tousjours esté inutilement. Les personnes qui "
font chargées devant Dieu du salut d'Anthoine ayant examiné se- "
rieusement son estat, ont crû qu'il se damnoit dans la profession Ec- "
clesiastique, où il estoit entré par des voyes irregulieres ; & qu'il "
deshonoroit la sainteté de cét estat par sa vie oisive & qui avoit si "
peu de rapport aux obligations de sa profession, laquelle luy estoit "
d'autant plus prejudiciable devant Dieu, qu'elle servoit à entretenir "
son oisiveté & sa sensualité : & ainsi qu'il devoit quitter cette pro- "
fession, n'y estant point engagé par aucun Ordre sacré, & ayant de "
son patrimoine dequoy vivre selon sa condition. "

Sur cette resolution (outre les raisons qui peuvent estre secrettes) "
les Confesseurs luy ayant refusé l'absolution : il est allé durant quel- "
ques années, à Pasques & autres temps, se confesser hors le Dio- "
cese à des reguliers non approuvez par son Evesque, & contre ses "
Ordonnances qui declarent telles confessions nulles & invalides. "

Les raisons d'Anthoine sont ; qu'il est déja âgé de quarante ou "
quarante-cinq ans ; qu'il y a dix ou douze ans qu'il est Chanoine ; & "
qu'il luy seroit honteux dans l'âge où il est, de quitter une profes- "
sion qu'il n'a embrassée qu'en un âge meur ; qu'il est vray qu'il luy "
seroit comme impossible presentement de s'assujettir à un reglement "
de vie tel qu'on suppose que des Ecclesiastiques la doivent mener, "
parce qu'il n'a pas esté élevé à cela ; mais qu'il y a un tres-grand "
nombre d'Ecclesiastiques dans tous les Dioceses, & qui ont même "
des dignitez dans l'Eglise, lesquels ne vivent pas plus regulierement "
que luy. Que ceux qu'il a consultez sur son estat, luy ont dit qu'il "
n'estoit pas obligé de quitter sa Chanoinie, parce qu'il ne pouvoit "
faire aucune fonction de Chanoine ; mais qu'il suffisoit qu'il donnast "
toutes les années quelque chose, par exemple cent francs, à la fa- "
brique de l'Eglise Cathedrale. "

On demande donc. "

1° Si l'entrée d'Anthoine en la Chanoinie est canonique ? "

2° S'il est obligé en conscience de quitter l'estat Ecclesiastique, "
où il n'est point engagé dans aucun Ordre, pour se remettre dans "
l'estat seculier ? "

3° Si les confessions qu'il a faites hors du Diocese à des reguliers "
contre les Ordonnances de son Evesque, pour éviter ses Confesseurs "
naturels, sont nulles & invalides ? "

RESOLUTION.

Les Docteurs en Theologie sous-signez, sont d'avis sur les trois
difficultez du vingt-huitiéme Cas.

Sur la premiere : Que l'entrée d'Anthoine dans cette Chanoinie
est vicieuse, contraire à la vocation necessaire pour entrer dans un
Benefice, & qu'elle est l'effet d'une negociation criminelle qui a
toute l'apparence d'un pacte simoniaque.

Sur la feconde : Qu'Antoine n'ayant pas efté appellé de Dieu à ce Benefice, & y eftant entré d'une maniere criminelle ; qu'eftant auffi incapable d'en faire les fonctions, il doit le quitter au plûtoft: Qu'eftant avancé en âge, fans litterature, ayant des mœurs fort éloignées de celles des veritables Ecclefiaftiques, & n'eftant point engagé dans les Ordres facrez, il eft obligé de renoncer à l'eftat Ecclefiaftique nonobftant toutes les raifons qu'il allegue au contraire. Son âge de quarante ou quarante-cinq ans, & les dix ou douze années qui fe font écoulées depuis qu'il eft Chanoine, au lieu de le retenir dans cét eftat, le doivent preffer d'en fortir pour fe mettre dans un autre afin qu'il y puiffe faire fon falut, ne le pouvant faire dans celuy cy. La honte qu'il auroit en quittant l'eftat Ecclefiaftique n'eft qu'une fauffe honte, & par rapport feulement à quelques hommes du fiecle, dont les lumieres font obfcurcies, & les mœurs corrompuës : mais celle qu'il devroit avoir d'eftre dans le clergé reveftu d'une Prebende dont il eft tout à fait indigne, eft une honte veritable par rapport aux gens de bien & à toutes les perfonnes d'efprit, qui ne font pas dans les tenebres du fiecle depravé. L'exemple d'un grand nombre d'Ecclefiaftiques dans tous les Diocefes qui ne vivent pas plus regulierement que luy, ne l'excufe ny devant Dieu ny devant les hommes, puifque ce peché n'eft pas moindre pour eftre commis par plufieurs, que s'il ne l'eftoit que par un feul. Le confeil qu'il dit luy avoir efté donné de ne quitter ny fon Benefice, ny l'eftat Ecclefiaftique, eft contraire aux maximes de l'Evangile & aux Canons. C'eft pourquoy il ne peut eftre en feureté de confcience s'il le fuit.

Et fur la troifiéme : Les mefmes Docteurs eftiment que les confeffions qu'Anthoine a faites *deditâ operâ*, hors le Diocefe, à des reguliers non approuvez de fon Evefque, & contre fes ordonnances, durant quelques années, à Pafques & à d'autres temps de l'année, pour éviter de fe confeffer aux Preftres approuvez pour entendre fes confeffions, font nulles & invalides, fuivant la definition formelle du quatriéme Concile de Milan, fous S. Charles.

VINGT-NEUVIÉME CAS.

» Il fe rencontre dans des Chapitres, ou ailleurs, de certains Eccle-
» fiaftiques, dans lefquels il ne paroift autre vocation à l'eftat Eccle-
» fiaftique qu'ils ont embraffé, que celle que leur a donné les reve-
» nus de certains Benefices que leurs oncles & autres parens & amis
» ont efté en pouvoir de leur procurer. Ils paffent leur vie dans une
» oifiveté & faineantife perpetuelle, dans des jeux & des divertiffe-
» mens indignes de leur profeffion, & mefme dans le vice, quoy que
» d'une maniere couverte, où ils craignent la Iuftice.
»   On les a éprouvez pendant les dix & douze ans, & ils font tou-
» jours les mêmes. Ils ne fe peuvent refoudre à prendre un train de

vie reglé, & à s'occuper d'une maniere qui leur soit convenable : & «
ils ont contracté une si grande foiblesse par leurs mauvaises habitu- «
des, que les moindres occasions leur servent d'attrait au peché ; & «
il leur est presque impossible demeurant dans le monde, d'éviter «
ces occasions. De sorte que leur vie est un dereglement continuel, «
parce qu'elle est opposée à la sainteté de leur profession, & qu'elle «
est à scandale au peuple. «

On demande quelle côduite un Confesseur doit garder à l'égard «
de ces personnes, & s'il n'est pas obligé pour s'acquitter de son mi- «
nistere comme il doit, de leur refuser l'absolution jusqu'à ce qu'ils «
ayent quitté leur Benefice, & l'estat Ecclesiastique qui leur est un «
piege & un estat de mort, supposé qu'ils ne soient pas dans les Ordres «
sacrez ; ou qu'ils ne soient pas resolus d'entrer dans une Religion «
s'ils sont dans les Ordres sacrez, sur tout quand il y a sujet d'esperer «
qu'ils rëussirôt dans une Religion retirée du commerce du monde ? «

RESOLUTION.

Quant au vingt-neuviéme Cas : Les sous signez sont d'avis que
les Ecclesiastiques ausquels il ne paroist aucune marque de vocation, qui passent leur vie dans une oisiveté & une faineantise perpetuelle, dans des jeux & des divertissemens indignes de leur profession, & même dans le vice : qui depuis dix ou douze ans qu'on
les éprouve, n'ont point changé ; & ont contracté une si grande
foiblesse par leurs mauvaises habitudes, que les moindres occasions leur servent d'attrait au peché, lesquelles occasions il leur est
presque impossible d'éviter tant qu'ils demeureront dans le monde : & qui par consequent sont dans un dereglement perpetuel, &
à scandale au peuple ; ne sont pas capables de recevoir l'absolution
jusqu'à ce qu'ils ayent quitté leurs Benefices, & renoncé à l'Estat
Ecclesiastique s'ils ne sont point engagez dans les Ordres sacrez :
& s'ils y sont engagez, qu'ils doivent se retirer entierement de ce
commerce du monde qui leur est si funeste en entrant en une Religion reformée ; ou dans une Communauté bien ordonnée ; ou
en menant une vie solitaire, selon le conseil qui leur sera donné par
leur Confesseur, afin qu'ils y fassent penitence, & qu'ils se mettent
hors des occasions prochaines du peché ; autrement que l'on ne
peut les absoudre. Deliberé à Paris les 4. Decembre 1665. pour
la premiere Consultation contenant les treize premiers Cas : Le 12.
Janvier 1666. pour la seconde Consultation contenant les quatorze Cas suivans. Et le 17. Février 1666. pour la troisiéme Consultation, contenant les deux derniers Cas.   *Signé*,

CHARLES PATU, *Curé de saint Martial.*

NICOLAS DRUJON.   ANTHOINE DE BREDA, *Curé de S. André*
des Arcs, & SYNDIC *de la Faculté.*

ADRIEN LE VAILLANT, *Curé de saint Christophle.*

NICOLAS MAZURE, *Ancien Curé de saint Paul.*

CLAUDE GRENET, *Curé de saint Benoist.*

IEAN BAPTISTE CHASSEBRAS, *Archi-Prestre & Curé de la Magdelaine.*

IEAN LABBE'.

IEAN MARTIN.

ANDRE' GUIGNARD.

CLAUDE LE CARON, *Curé de saint Pierre aux Bœufs.*

NICOLAS LESCOT.

IEAN DE BEAUMONT.

ESTIENNE LE CORNETIER.

IACQUES BOILEAU.

NICOLAS PORCHER.

LOÜIS LE NOIR, *Curé de saint Hilaire.*

IACQUES DE SAINTE BEUVE.

HENRY DUHAMEL, *Curé de saint Mederic.*

PIERRE MARLIN, *Curé de saint Eustache.*

THOMAS FORTIN.

ADRIEN AUGUSTIN DE LAMET.

MATHIAS HUOT.

NICOLAS PETITPIED.

ANTHOINE FAURE.

IEAN GERBAIS.

GUILLAUME CAUVET.

THOMAS ROULLAND.

SIMON RIBEYRAN.

FOELIX PHELIPPES DE LA BROSSE.

A V I S.

EN la page 43. ligne 18. il y a un passage de saint Charles dans le texte qui devoit estre mis en apostille pour servir d'élaircissement à celuy de saint Thomas. Il est pris d'une addition à l'instruction de ce saint Archevesque aux Confesseurs de son Diocese qui se trouve dans la quatriéme partie des Actes de l'Eglise de Milan, de l'impression de Milan *in folio* de l'année 1599. page 771. & de l'impression *in quarto* de 1603. en la deuxiéme partie page 571. dont voicy les termes. *Deve il Curato esser facile a consentire a i suoi sudditi, de quali non ha sospicione che lo faccino per fuggir il suo giudicio, e per evitar quella penitenza, ò repulsa che sanno di meritare; che possino confessar si da altri confessori approvati : anzi deve offerire spontaneamente in particolar questa commodità a quelli del suo popolo, che havessero lite con esse lui, ò havessero havuto seco qualche disparere, massime se sia stato per altre occasioni, che per haver fatto seco l'officio debito di Curato, ò di Padre loro spirituale.*